SILKE NEUMAYER

MIT MANN IST AUCH NICHT OHNE

Liebes-Lesestoff für die fortgeschrittene Frau

HEYNE <

Sollte diese Publikation Links auf Webseiten Dritter enthalten, so übernehmen wir für deren Inhalte keine Haftung, da wir uns diese nicht zu eigen machen, sondern lediglich auf deren Stand zum Zeitpunkt der Erstveröffentlichung verweisen.

Verlagsgruppe Random House FSC® N001967

Copyright © 2018 by Wilhelm Heyne Verlag, München,
in der Verlagsgruppe Random House GmbH,
Neumarkter Straße 28, 81673 München
Zitat Seite 1686 in: Jan Wrede: Der nasale Schnarcher (17.7.2015),
in: Infos zum Schlaf & Schnarchen. URL: https://somnishop.com/
was-hilft-gegen-schnarchen-ursachen/ (Stand: 5.2.2018)
Redaktion: Angelika Lieke
Umschlaggestaltung: Eisele Grafik Design, München,
unter Verwendung eines Motives von Isabel Klett
Satz: Satzwerk Huber, Germering
Druck und Bindung: CPI books GmbH
Printed in Germany
ISBN: 978-3-453-20194-1

www.heyne.de

Für meine Familie – wundervolle Frauen
und großartige Männer

Inhalt

Vorwort	11
Der neue Mann	15
Albtraummänner	19
Böse Jungs – Bad Boys	25
Couple Goals	37
Das Maß der Dinge	43
Das Ziel ist der Weg	49
Der Bart ist ab	55
Der Duft der kleinen Welt	61
Der Fleck muss weg	67
Relative Relativitätstheorie	73
Der Mann ist eine Baustelle	79
Die rosarote Brille	85
Ware Liebe	89
Eine richtige Beziehung	93

Die drei magischen Worte 99

Friendzone 105

Gleichberechtigung 113

Herrenbesuch 119

Wunschträume 127

Zeig mir deins, ich zeig dir meins 131

Let's party 135

Männer an den Herd! 143

Männer in Strumpfhosen 149

Das schwache Geschlecht 155

Männerschnupfen 159

Nicht nichts 163

Reiche Männer 167

Alles Schlampen außer Max 173

Schniepel-Piepel-Neid 177

Ruhe sanft 183

Frühe Sünden 191

Selfies und Strangies 197

Statistisch gefühlt 205

Stresstest 209

The Glow 215

Alle Namen, Personen und Ereignisse
in diesem Buch sind frei erfunden.
Ähnlichkeiten mit lebenden oder gar
mit mir lebenden Personen sind rein zufällig.

Vorwort

Männer –

wir Frauen können manchmal nicht mit ihnen, aber wir können auch ganz sicher nicht ohne sie. Ein Leben ohne Männer ist für Frauen ziemlich unmöglich. Und für die meisten von uns sogar noch nicht mal vorstellbar. Man begegnet ihnen schließlich ständig und überall, und ich habe gehört, manche Frauen teilen sogar Tisch und Bett mit einem Mann. Oder gleich ihr ganzes Leben. Das ist großartig, wunderbar, anstrengend, lustig, faszinierend und irritierend zugleich. Und bietet jede Menge Stoff für Geschichten. Schließlich gibt es keinen Mädelsabend, bei dem nicht mindestens ein Mal über Männer gesprochen wird. Oder gelästert. Oder gelacht. Oder geweint. Oder geflucht. Denn die Männer in unserem Leben sind eigentlich immer Thema. Und zwar nicht nur, wenn es um Liebe und Romantik geht. Da natürlich ganz besonders, aber auch im banalen Alltag ist der Umgang von Frauen mit dem anderen Geschlecht durchaus von jeder Menge interessanter Vorkommnisse geprägt. Behutsam ausgedrückt. Frauen lieben Männer. Meistens zumindest. Aber das Leben mit ihnen ist nicht immer einfach.

Auch ich muss sagen: Bevor diese Sache mit mir und den Jungs richtig losging – also im zarten Alter von ungefähr vier, fünf Jahren –, hatte ich im Grunde genommen sehr romantische Vorstellungen von dem Ganzen:

Ich würde später mal so wie Dornröschen von einem Prinzen auf einem Pferd wachgeküsst werden, der sich vorher durch einen ganzen Dornenwald zu mir durchgekämpft hat. Wir würden dann so ein, zwei Kinder bekommen und schrecklich glücklich sein. In einem Schloss mit einhundertvierundzwanzig Zimmern, die ich alle in Gedanken schon mal in verschiedenen Rosatönen einrichtete.

Das kam natürlich in meinem Leben völlig anders, und selbst im Kindergartenalter hielt mein Zustand der Unschuld nur wenige Wochen an, bevor ich mich unsterblich in Thomas, einen Jungen aus der Nachbarschaft verliebte. Der kippte mir als Reaktion auf einen spontanen, aber vielleicht etwas zu feuchten Kuss mit seinem Schäufelchen jede Menge Sand über den Kopf. Und als ich ihm dafür gegen das Schienbein trat, fing er an zu heulen und zu kratzen. Die Kindergärtnerin hatte ihre liebe Mühe, uns beide zu trennen. Ich meine mich zu erinnern, dass dabei ein Eimer Wasser zum Einsatz kam.

Seitdem bin ich mit den verschiedensten Vertretern des männlichen Geschlechts noch öfter in romantische Höhen geflogen. Und meistens mehr oder weniger schnell und mehr oder weniger schmerzhaft wieder auf dem Boden der Realität gelandet. Aber auch auf dem Boden der Realität kann man Glitzer finden.

In jedem Fall war mir schon ab diesem Zwischenfall im Kindergarten eines ganz klar: Das mit den Jungs und den Mädchen, das ist alles nicht so einfach wie gedacht oder erträumt. Daran ändert sich auch nichts, wenn aus Jungs Männer und aus Mädchen Frauen werden.

Und jetzt ist meine Tochter auch noch mitten in der Pubertät. Da kommen noch mal jede Menge neue männliche Exemplare in mein Leben. Ob ich will oder nicht.

Sophie, meine Tochter, beginnt gerade erst damit, so richtig in den romantischen Wahnsinn mit Jungs einzusteigen. Das bringt wahrscheinlich in nächster Zeit öfter mal ein gebrochenes Herz mit sich – ihres oder seines. Je nachdem. Aber das gehört nun mal einfach dazu, zu der Sache zwischen Männern und Frauen, ohne die die Welt entsetzlich langweilig wäre.

Ich schätze mal, jede Frau kennt einen oder sogar mehrere Exemplare der männlichen Spezies, die hier im Buch vorkommen, und die meisten haben wahrscheinlich auch schon ein paar ähnliche Geschichten erlebt. Viele Frauen, die ich kenne, sind immer wieder verblüfft darüber, wie fremd und gleichzeitig vertraut einem Männer doch sein können, wie unbegreiflich und faszinierend zugleich. Der kleine große Unterschied.

Aber egal, wie sehr wir manchmal auf sie schimpfen, wie sehr wir sie manchmal lieben oder verfluchen, wie sehr wir sie manchmal bemuttern oder bezirzen, eins ist sicher: Männer sind seltsame Wesen. Frauen auch.

Und davon handelt dieses Buch.

Der neue Mann

Seit einiger Zeit gibt es in meinem Leben wieder ein neues Exemplar der männlichen Spezies.

Das ist durchaus angenehm. Wobei:

Der neue Mann an meiner Seite (klingt ziemlich umständlich, aber ich darf seinen wirklichen Namen hier aus Datenschutzgründen ja nicht verwenden) ist natürlich gar kein neuer Mann.

Er ist so alt wie ich, und in dem Alter sind Männer nun mal nicht neu.

Nicht so wirklich, wenn wir mal ehrlich sind.

Und dann kommt erschwerend noch hinzu: Er ist ja überhaupt auch nur neu für mich.

Für seine Exfrau ist er alt. Ganz alt wahrscheinlich.

So alt wie mein Exmann für mich ist. Und das ist ururalt.

Das ist so alt, dass es noch nicht mal für den Flohmarkt reicht, und leider auch nicht so geschätzt, dass Frauen beim Thema Exmann als Erstes das Wort Vintage oder Antiquität in den Kopf kommen würde.

Also wenn ich die ganze Sache mal objektiv betrachte: Mein neuer Mann ist ein gebrauchter Mann. Secondhand. Wahrscheinlich ist er sogar Third- and Fourthhand oder noch viel mehr. Wobei ich gar nicht so genau wissen will, durch wie viele Hände er vor mir schon gegangen ist.

Er war mal Skilehrer – mehr muss ich dazu wohl nicht sagen.

Nun, in dem Alter, in dem ich mich befinde, ist das meiste leider nicht mehr so ganz neu. Weder das Leben noch die Männer. Noch nicht mal man selbst.

Im besten Fall ist der neue Mann in gutem gebrauchtem Zustand und aus einem tierfreien und Nichtraucherhaushalt. Wobei ich selbst aus einem Tier- und früher sogar Raucherhaushalt komme.

Ich schätze, das mindert meinen Wert doch etwas. Es gibt ja welche, die haben eine Hunde- oder Pferdehaarallergie.

Für solche Männer wäre ich nicht nur alt, sondern sogar unerträglich.

Aber da ich ja eben selbst nicht mehr so ganz neu bin, habe ich schon öfter in meinem Leben erlebt, dass der »Neue Mann« ausgerufen worden ist.

In Zeitungen, Zeitschriften oder auch in Film und Fernsehen und sogar bei meinen Freundinnen wurde dieses Wesen schon öfter erwähnt und wohl ab und an auch gesichtet. Zumindest wird das behauptet.

Also der neue Mann ist ganz anders als der alte Mann.

Die Zeit hat übrigens mal eine ganze Serie über den neuen Mann geschrieben.

In einem Artikel steht, der neue Mann soll alles sein: Handwerker, Geliebter, Vater, Hausmann, erfolgreich, gut aussehend und sportlich. Sixpack mit Kochkünsten, Babywickeln und CEO in einer Person.

Und da steht auch, dass Männer das ganz schön anstrengend finden. Diese ganzen Ansprüche, die heutzutage an sie, die neuen Männer, gestellt werden.

Puh! Wenn ich das so lese, verstehe ich das gut.

Da wird einem schon beim Lesen schwindlig.

Gerade ich als Frau kann nachvollziehen, dass einen solche Anforderungen ganz schön unter Druck setzen. Schließlich müssen wir Frauen schon seit einiger Zeit nicht nur beruflich erfolgreich, sondern auch eine Supermutter mit einem yogagestählten Wahnsinnskörper sein, die ihren Mann im Bett beglückt, nachdem sie ein frisch gekochtes Biomenü auf den Tisch gezaubert hat, mit Mangold aus dem Garten, den sie selbst bewirtschaftet.

Also ich begrüße den neuen Mann sehr (nicht nur meinen).

Wir Frauen sollen ja schon seit Jahren eine eierlegende Wollmilchfrau sein – und wenn die Männer da jetzt nachziehen, das nenne ich wahre Emannzipation. Dafür lerne ich auch ab sofort, im Stehen zu pinkeln.

PS: Ich selbst habe allerdings noch nie so einen neuen Mann gesehen und kenne persönlich auch keine eierlegende Wollmilchfrau. Die gibt es wahrscheinlich nur gephotoshopt in den sogenannten Frauenzeitschriften. Persönlich kenne ich nur Frauen, die so wie ich versuchen, sich so gut es geht irgendwie durchzuwursteln und dabei einfach ihre Frau stehen. Und ich kenne jede Menge Männer, die sich einfach täglich bemühen, ihr Bestes zu geben. Ich finde, das ist auch schon ganz schön viel und reicht vollkommen aus, um vollkommen zu sein.

Albtraummänner

Ich bin ja jetzt in einem Alter, in dem ich bewusst versuche, mich nur noch mit Menschen zu umgeben, die ich irgendwie mag. Das gilt für Männer genauso wie für Frauen. Alles andere fällt für mich unter das Kapitel Zeitverschwendung, und von Zeit hat man mit Mitte fünfzig vielleicht gar nicht mehr so viel, wie man sich so denkt.

Aber diese Selektion ist natürlich nicht immer möglich, schließlich muss auch ich zum Einkaufen, in Flugzeuge steigen oder Elternabende besuchen. Ach, die Welt ist nun mal nicht perfekt.

Trotzdem gelingt es mir normalerweise ganz gut, mich nur noch mit netten und nicht allzu nervigen Menschen zu umgeben – zumindest in meinem Privatleben. Man muss wissen, das ist wirklich ein Fortschritt für mich im Verhältnis zu früher, denn ich habe eine leichte, wohl angeborene »Nein-sag-Schwäche«.

Das heißt, dass ich mich früher öfter mal in komischen Cafés oder auf öden Partys oder in einseitigen Freundschaften oder katastrophalen Beziehungen zu Männern wiedergefunden habe und mich die ganze Zeit gefragt habe, wie ich da bloß reingeraten bin. Das ist jetzt seit ein paar Jahren Gott sei Dank etwas anders. Seit das Wörtchen »Nein« öfter mal Verwendung bei mir findet.

Aber leider klappt das mit dem Neinsagen nicht immer.

Es ist etwas über zwei Jahren her, als ich zum Shoppen unterwegs war. In der Innenstadt. Das war der Fehler. Und zwar nicht nur wegen der zu engen Hose von Zara, die seitdem im Schrank hängt und darauf wartet, dass ich endlich die ausschlaggebenden zwei Kilo abnehme – was natürlich nie passieren wird. Fehlkäufe stecke ich mittlerweile locker weg.

Aber nicht Sabine.

Die traf ich dort nämlich zufällig.

Sabine kenne ich schon seit meinem Studium, sie macht auch irgendwas mit Medien. München ist bekanntlich ein Dorf, und irgendwo trifft man sich deshalb irgendwie immer wieder.

Sabine erblickte mich und stürzte sich ohne Vorwarnung auf mich, als wäre ich ein Super-Schnäppchen im Schlussverkauf. Sie hatte mich in den Krallen, noch bevor ich mich hinter einem Ständer mit Blusen für 29,99 Euro verstecken konnte.

Sabine war schon im Studium extrem nervend, aber ich habe ab und zu einen Abend mit ihr verbracht. Angeborene Nein-sag-Schwäche. Sie wissen schon. Kennen viele Frauen. (Männer im Übrigen eher nicht. Noch so ein kleiner großer Unterschied zwischen den Geschlechtern.)

Sabine beteuerte, es sei so schön, mich zu sehen, fragte pflichtschuldig, aber desinteressiert nach meinem Befinden und kam innerhalb von zwei Sekunden zum eigentlichen Thema: zu sich selbst und ihrem unglaublich interessanten Leben. Sabine hatte nämlich auch eine gescheiterte Ehe hinter sich. Somit waren wir sozusagen Scheidungsschwestern.

Und Sabine war nun auf der Suche. Nach einem neuen Mann. Nach einem Traummann. Ihr Ex hatte sich nämlich als echter Albtraummann entpuppt, der sie heimlich über die ganze Zeit ihrer Ehe betrogen hatte. Mit mehreren Frauen und wohl auch einem Mann. Das Gerücht mit dem Schaf stimmt glaube ich nicht, aber

20

wer weiß. Sabine meinte, sie würde das mit den Männern jetzt alles anders machen. »Ah, Singlebörse im Internet?«, fragte ich nach.

Internet? Sabine starrte mich entgeistert an. Nein, so was Profanes einzusetzen bei so etwas Wunderbarem wie der Liebe geht gar nicht. Schließlich ist die Liebe zwischen Männern und Frauen eine echte Himmelsmacht – oder etwa nicht?

Sabine schüttelte den Kopf. Das muss man als Frau ganz anders machen, klärte sie mich auf: Sabine bestellt den neuen Mann jetzt einfach beim Universum. Doch, doch. Das geht. Man muss nur wissen wie, und es gibt jede Menge Bücher dazu mit Gebrauchsanleitung, wie man richtig bestellt. Beim Universum. Nicht beim Kellner.

Ich konnte mir gerade noch verkneifen nachzufragen, ob der neue Mann dann per DHL oder UPS vom Universum geliefert wird und ob man dann auch die Terrasse als Ablageort wählen kann?

Aber Sabine meinte es ernst. Ein Scherz war hier also nicht angebracht, wie ich gerade noch rechtzeitig bemerkte.

Sabine redete und redete, und ich schaffte es irgendwann zu sagen, dass ich ganz dringend Sophie abholen müsste. Vom Kindergarten. Und dann verdrückte ich mich, so schnell ich konnte, noch bevor Sabine klar wurde, dass Sophie schon seit fast zehn Jahren nicht mehr in den Kindergarten geht.

Ich muss jetzt allerdings gestehen: Ich habe das nach dem Treffen mit Sabine dann mal eine Zeit lang mit dem Universum versucht. Dabei sagte ich täglich so was zum Universum wie »Ich will George Clooney. Ich will aber George Clooney. Verdammt noch mal, wo bleibt George Clooney?« Aber George kam und kam nicht. Dabei wären wir doch ein so schönes Paar. Und jetzt ist er anderweitig gebunden. Ich kann anscheinend nur gut im Internet bestellen.

Egal. Ich bin erleichtert, dass ich jetzt einen neuen Mann an meiner Seite habe, auch wenn ich den nicht beim Universum bestellt habe. Ich denke, er wäre auch nicht so gerne auf der Terrasse abgelegt worden.

Aber zurück zu Sabine: Sie trat vorgestern erneut in mein Leben. Ich habe wirklich versucht, sie beim Universum abzubestellen, aber auch das hat offensichtlich nicht geklappt.

Ich traf sie in der Innenstadt. Wieder bei Zara. Diesmal sah ich sie rechtzeitig und schaffte es gerade noch, in einer der Umkleidekabinen zu verschwinden. Aber vergebens. Sie lauerte mir bereits auf, als ich rauskam. Das Universum kann echt fies sein.

Sabine beteuerte, es sei so schön, mich zu sehen, fragte pflichtschuldig, aber desinteressiert nach meinem Befinden und kam innerhalb von zwei Sekunden zum eigentlichen Thema: zu ihrem neuen Traummann. Beim Universum bestellt. Gut aussehend. Intelligent. Mit Humor. Einem tollen Job. Geld wie Heu. Und großzügig. Er trägt sie auf Händen. Liest ihr jeden Wunsch von den Augen ab. Und will fünf Kinder aus Afrika mit ihr adoptieren.

Ich war etwas fassungslos.

Ganz klar. Sabine kann besser bestellen als ich und hat George Clooney abbekommen. Oder zumindest sein Double.

Aber man kann nicht alles haben im Leben, und ich bin mit dem neuen Mann an meiner Seite durchaus zufrieden.

Und dann sagte Sabine: »Lass uns um die Ecke in das Café gehen. Ich treffe mich da gleich mit Bernd. Er ist noch im Computerladen. Dann lernst du ihn auch kennen. Du wirst begeistert sein.«

Und ich sagte: »Ja, gerne.«

Angeborene Nein-sag-Schwäche, sag ich nur – schlägt eben immer mal wieder durch.

Ich ging also mit Sabine in das Café, und kurz darauf kam er auch schon, Bernd, ihr Traummann.

Spontan dachte ich, das Universum hätte sich einen üblen Scherz erlaubt. Ich war auf einmal sehr froh, dass das mit dem Bestellen bei mir nicht so gut geklappt hatte.

Bernd sah aus wie Catweazle. Schütteres Haar. Ein noch dünnerer Bart. Kleine blassblaue Äuglein, die mich begierig musterten. Und dann ein kurzes Höschen und Socken in den Sandalen. Nicht zu vergessen eine kleine Herrenhandtasche für all die unentbehrlichen Dinge, die man als Mann so braucht.

Ich bin gemein, es zählen bei Männern natürlich nur die inneren Werte, ich weiß, aber wenn man George Clooney bestellt und Catweazle geliefert bekommt, kann man da beim Universum innerhalb von vier Wochen reklamieren?

Ich nahm einen Schluck von meinem Cappuccino und dachte, dass ich an meiner Nein-sag-Schwäche echt weiterarbeiten sollte.

Und auch als Bernd den Mund aufmachte, wurde es nicht besser. Ich weiß jetzt alles über seinen Job als IT-Spezialist, muss unbedingt seine Biografie schreiben, da sein Leben so unfassbar interessant ist, und soll mir überlegen, ob ich mit den beiden nicht einen gemeinsamen Urlaub in Meran verbringen will, weil ich ja so einsam wirke und ihr Glück vielleicht etwas auf mich abfärben könnte.

Ich war sehr froh, als Sabine irgendwann bemerkte, sie müssten jetzt heim und ein wenig alleine sein, und mir dabei verschwörerisch zuzwinkerte. Ich will jetzt lieber nicht darüber spekulieren, was dieses Zwinkern genau zu bedeuten hatte.

Und dann bückte Bernd sich, um Sabines Einkaufstüten aufzuheben. Er würde sie ihr selbstverständlich hinterhertragen, er sei ja so ein Schatz, meinte Sabine.

Es gibt im Leben Aussichten, die man nicht so schnell vergisst. Zum Beispiel der Blick vom Ayers Rock in Australien – oder auch der Blick vom Brauneck bei schönem Wetter, um nicht ganz so weit zu schweifen. Der Blick auf Bernds Hintern gehört allerdings ganz eindeutig nicht dazu.

Bernd zeigte mir ein wunderbares Maurerdekolleté. Ich hatte freien Blick auf viele Haare und blasse Pobacken. Ich verspürte den spontanen Impuls, etwas Mörtel draufzuwerfen und damit die Ritze zuzumauern. Ich muss jetzt nicht erwähnen, dass da bei Männern, wenn die Hose nicht so gut sitzt, meistens kein Knackarsch zum Vorschein kommt, oder?

Frauen können von dem Anblick traumatisiert werden.

Nicht so Sabine. Sie strahlte weiterhin, nahm Bernds Händchen und zwinkerte mir zum Abschied noch einmal zu. Sie wünschte mir alles Glück dieser Welt. Und dass wir uns bald wiedersehen. Und einen Traummann. Ich müsste mir so einen Mann wie Bernd nur ganz fest vom Universum wünschen.

Als ich wieder zu Hause war, war ich zu folgendem Schluss gekommen: Es gibt nicht nur Albtraummänner, sondern auch Albtraumfrauen. Und jedes Töpfchen findet sein Deckelchen.

Und ich bestelle seither nur noch im Internet. Das ist sicherer. Da kann ich zurückschicken.

Böse Jungs - Bad Boys

Sophie weint.

Und schluchzt. Herzzerreißend.

So herzzerreißend, dass mir alleine schon beim Zuhören mein eigenes Herz wehtut.

Und das schon seit Stunden. Meine Tochter ist in ihrem Zimmer, verbuddelt unter ihrer Lieblingsdecke, die Musik ist auf Anschlag aufgedreht (es heult sich einfach besser, wenn Prinz Pi mit seinen melancholischen Texten mit heult), und Sophie ruiniert gerade ihr Kopfkissen.

Und meine Nerven – aber das nur nebenbei.

Ich habe schon alles versucht, um sie zu trösten. Schokolade? Konzertkarten für Cro? Shoppen gehen – natürlich nicht mit mir, das wäre nicht tröstlich, sondern erbärmlich. Eine ganze Nacht sturmfreie Bude, und ich komme auch garantiert nicht überraschend nach Hause? Ein Wochenende in New York ganz alleine mit tausend Dollar Taschengeld?

Sophie schüttelt nur den Kopf und vergräbt sich noch tiefer in die Kissen. Wenn sie selbst bei dem Wochenende in New York nicht anfängt, mich zu beschimpfen, weil sie genau weiß, dass das nicht ernst gemeint ist, dann ist die Lage wirklich düster.

»Was ist los?«

»Niiiiiiichts!«, kommt es unter den Decken hervor.

Oder auch:

»Lass mich in Ruhe!!! Du verstehst das sowieso nicht.«

Nun, es ist natürlich vollkommen klar, dass ich als Mutter meine Teenagertochter nie und nimmer verstehen kann. Schließlich lag meine eigene Pubertät in der Kreidezeit und war somit vollkommen anders. Da gab es ja noch nicht mal Handys, weshalb ich von allem und überhaupt keine Ahnung habe.

Nicht von Handys und schon gar nicht vom Leben.

Oder von der Liebe.

Schon klar.

Doch. Ich verstehe sie nur zu gut. Und ich denke, ich weiß ganz genau, was los ist, auch wenn ich das besser nicht anspreche. Sophie befindet sich nämlich bereits seit zwei Monaten in diesem Zustand. Himmelhoch jauchzend, zu Tode betrübt. Das wechselt stündlich. Manchmal minütlich. Wenn es gut läuft, nur täglich.

Und das heißt: Sophie ist verliebt. Aber das ist nicht das Eigentliche. Denn Verliebtsein ist, wie wir alle wissen, ja etwas ganz Wunderbares.

Aber wenn Verliebtsein etwas Wunderbares ist, warum weint sie dann?

Ganz klar: Sophie ist in einen bösen Jungen verliebt.

In einen Herzensbrecher. In einen Womanizer im Handtaschenformat. In einen von diesen Jungs, die auf Mädchen wirken wie Flammen auf Motten. In einen von diesen Jungs, bei denen man sich die Finger und das Herz zwangsläufig verbrennt. Verbrennen muss.

In so einen Jungen ist sie verliebt.

Er heißt Lukas. Lukas ist - wie ich mühsam über mein Mütternetzwerk recherchiert habe - in der Parallelklasse. Solche

Informationen sind meiner Tochter ja sonst nur unter tagelanger Folter zu entlocken.

Ich habe ihn nur einmal flüchtig gesehen, und mir war bereits nach einer Sekunde klar, was er für einer ist.

Sorry, das ist kein Vorurteil. Das ist schmerzliche Erfahrung.

Leider muss ich feststellen, dass meine wunderhübsche Tochter nicht nur die blauen Augen und die Haarfarbe von mir geerbt hat (als meine Haarfarbe noch nicht aus der Tube beim Friseur kam). Leider, leider sieht es ganz danach aus, als hätte Sophie von mir auch den Hang zu bösen Jungs geerbt. Denn auch ich habe mich gerne in die Falschen verliebt.

Wobei ich glaube, dass ein Großteil aller Frauen einen Hang zu bösen Jungs hat. Manche mehr, manche weniger.

Wenn einige von uns dann trotzdem die Kurve kriegen und schlussendlich bei einem von den guten Jungs landen, können sie von Glück sagen.

Ich schaue mit Sophie seit Monaten abends gemütlich auf Netflix die *Gilmore Girls*. Richtig schön altmodisch. Und zwei Millionen Folgen; im Moment sind wir so ungefähr mitten in der Serie. Sophie und ich kuscheln auf dem Sofa und fühlen uns selbst manchmal wie Lorelai und Rory. Schließlich sind wir hier auch ein Zwei-Weiber-Haushalt.

Und es ist völlig klar, dass wir beide mehr auf Jess stehen als auf Dean. Eindeutig Team Jess. Ganz klar, dass man mit Dean wunderbar eine Familie gründen könnte und dass er immer für einen da sein wird. Aber leider auch ganz klar, dass Jess für meine Tochter der weitaus interessantere Typ ist. Auch ganz klar, dass Jess nicht nur ständig in Schwierigkeiten gerät oder Schwierigkeiten macht; es ist leider auch offensichtlich, dass er Rory irgendwann das Herz brechen wird.

So ist das nun mal mit den bösen Jungs.

Wenigstens das kann ich von mir sagen: Der Hang zu den bösen Jungs lässt mit den Jahren und ein paar – doch recht schmerzhaften – Erfahrungen deutlich nach.

Mittlerweile genieße ich die bösen Jungs nur noch im Fernsehen und mache in meinem echten Leben um sie einen großen Bogen.

Aber es hat ein paar Jahre gedauert, bis ich das ändern konnte.

Und es wäre so schön, wenn ich Sophie diese Erkenntnis einfach weitergeben könnte. Wie viel unnötiger Herzschmerz würde ihr erspart bleiben!

Und wie viel Heulen bei Prinz Pi auf voller Lautstärke mir und meinen Nerven!

Ich habe eines gelernt:

Wir Frauen denken bei den bösen Jungs immer, wir könnten sie ändern. Durch ganz viel Liebe. Durch ganz viel Verständnis. Und weil wir die einzige Frau sind, die diese große Wunde, die die bösen Jungs angeblich in ihrem Herzen tragen, heilen können.

Alles Bullshit. Funktioniert nicht.

Weder können wir die Wunde der bösen Jungs heilen, noch können wir Mütter unsere Töchter vor gebrochenen Herzen bewahren.

Sophie heult drinnen gerade noch mal heftig auf.

Ich gehe jetzt doch noch mal rein und tröste, wenn ich trösten kann. Und versuche auch mal rauszubekommen, was denn genau schon wieder zwischen den beiden passiert ist.

Wie sich herausstellt, ist zwischen den beiden nichts passiert. Und genau das ist gerade das Problem.

Lukas hat sich nämlich nicht gemeldet.

Seit ungefähr zwölf Stunden.

Das ist im Leben von Sophie eine Ewigkeit.

Gerade vorhin haben sie sich noch geküsst, und seither ist keine WhatsApp mehr reingerauscht. Keine Sprachnachricht. Kein Text. Kein Emoji. Nada.

Die Aussichten sind offen gestanden schlecht, dass er sich überhaupt noch mal melden wird. Es ist aus und vorbei. Für immer und ewig. Alles zu Ende. Die Welt geht unter.

»Huuuhhhhhhhhh«, weint Sophie.

Und leider weiß man bei den bösen Jungs auch nicht, ob dem nicht vielleicht wirklich so ist. Manche von ihnen verschwinden einfach aus dem Leben von Frauen, ohne dass man vorher auch nur die geringsten Anzeichen erkennen konnte. Gerade eben hat man sich noch geküsst, und danach hat man sich nie wieder gesehen. Und man weiß als Frau noch nicht mal, warum. Ich hatte mal einen Freund, der nach zwei Monaten Beziehung (wenn man das überhaupt so nennen kann) ohne ein Wort über Nacht nach Südamerika verschwand und zehn Jahre später plötzlich wieder vor meiner Tür stand und einfach dort weitermachen wollte, wo wir aufgehört hatten.

Trotzdem halte ich zwölf Stunden Funkstille auch bei *bad boys* noch für einen vertretbaren Zeitrahmen. Aber ich bin ja auch kein Teenager.

Dieses Hin-und-her-Spiel zwischen den beiden geht jetzt schon seit zwei Monaten. Zwei Wochen ist es gut, zwei Tage heult Sophie.

Sie weiß einfach nicht, woran sie bei Lukas ist.

Mal ist er der tollste Junge auf der ganzen Welt und furchtbar nett zu ihr, mal tut er so, als würde er sie überhaupt nicht kennen.

Und dann folgt er auch noch irgendwelchen Schlampen auf Instagram! Das weiß Sophie ganz genau, und das treibt sie noch mehr in die Verzweiflung.

Verstehe ich alles.

Jeder Versuch, ihr zu erklären, dass es mit Jungs wie Lukas eben so ist und dass man diese Exemplare am besten in den Wind schießt, ist völlig nutzlos.

Ich bin schließlich ihre Mutter. Meine Ratschläge werden deshalb grundsätzlich nicht befolgt.

Lukas meldet sich auch die nächsten beiden Tage nicht.

Es ist die Hölle. Für Sophie und damit leider auch für mich. Wenn ich noch einmal Prinz Pi in voller Lautstärke über mich ergehen lassen muss, verschwinde ich vielleicht auch klammheimlich ohne Nachricht über Nacht nach Südamerika und werfe unterwegs mein Handy aus dem Flieger.

Ich weiß nicht, wen ich nach diesen achtundvierzig Stunden lieber umbringen will. Meine Tochter? Prinz Pi? Oder doch Lukas?

In jedem Fall geht Sophie jeden Tag verheult in die Schule und braucht morgens nicht nur zwei Stunden vorm Spiegel, sondern vier.

Sophie ist vollkommen untröstlich. Die Welt ist ein einziges Jammertal.

Und dann kommt eine WhatsApp. Pling. Mitten beim Mittagessen. Obwohl da Handys mit allem Drum und Dran eigentlich streng verboten sind. Sophie schielt angestrengt rüber zu dem Ding, das sie wegen des Verbotes ganz hinten an die Ecke des Tisches gelegt hat. Und in ihrem Gesicht geht die Sonne auf.

Honigkuchenpferde tanzen Samba mit Einhörnern.

Sie muss sofort los. Lukas treffen. Hausaufgaben macht sie irgendwann. Ich kriege noch schnell einen Kuss – und *wusch* ist sie weg. So als ob nie etwas passiert wäre.

Ich bleibe sitzen mit dem schmutzigen Geschirr. Nun gut, Hauptsache, die Einhörner fliegen mit Sophie wieder über die Regenbögen.

Und dann kommt Sophie am späten Nachmittag zurück, und fünf Stunden später geht alles von vorne los. Lukas wollte sich nämlich eigentlich noch mal melden. Und sie wollten sich heute Abend noch mal treffen.

Und warum in Gottes Namen ruft sie ihn nicht einfach mal an und fragt, was los ist? Sophie schüttelt nur den Kopf. Sie kann ihn nicht einfach anrufen, wie sieht das denn aus? Sie kann ihm doch nicht hinterherlaufen, und überhaupt ist er offline, und wahrscheinlich trifft er sich gerade mit dieser Schlampe auf Instagram und …

»Das verstehst du nicht. Lass mich in Ruhe. Huuuuuuuuuuuu …«

Sophie deutet mir mit einem Kopfnicken an, ich könnte jetzt ihr Königreich wieder verlassen und die Zugbrücke hinter mir hochziehen.

Später sitze ich dann alleine vorm Fernseher (Sophie vergräbt sich weiterhin unter der Decke im Weltschmerz und ist selbst für die *Gilmore Girls* nicht zu haben) und schaue einen Krimi mit einem fiesen Serienmörder. Ich könnte auch gerade jemanden umbringen.

Irgendwie reißt mir die Hutschnur.

Die ständige Heulerei und Prinz Pi zerren an meinen Nerven.

Ich bin eben auch nicht mehr die Jüngste.

Und überhaupt macht der Typ gerade meine süße Tochter fertig. Ich beschließe: Damit ist jetzt Schluss.

Sophie hat am nächsten Tag mit ihrer Klasse Schwimmunterricht im Olympiabad, sie wird also ein paar Stunden nicht in der Schule sein. Das ist die Gelegenheit. Ich werde mir den jungen Mann mal vorknöpfen.

Ich weiß, das ist das Allerallerallerschlimmste, was ich meiner Tochter antun kann. Aber egal. Sie wird es nie erfahren.

Ich hatte mir erst überlegt, mich zu verkleiden, mit Hoodie, Sonnenbrille und so, damit ich nicht gleich erkannt werde, aber dann denke ich, mich als langweilige Mutter an ihn ranzuschleichen ist die beste Tarnung, die es gibt. Mütter werden von Teenagern nicht wahrgenommen. Auch nicht die eigene.

Kaum bin ich auf dem Schulhof, sehe ich Lukas schon. Er steht inmitten einer Gruppe von Jungs ganz hinten in der Ecke und raucht heimlich. Ich hoffe, das ist kein Joint, den der Knabe da in der Hand hält. Sonst gibt's noch extra eins auf die Mütze!

»Du bist doch Lukas? Oder?«

Als ich vor ihm stehe, sehe ich, es ist nur eine Zigarette. Auch nicht toll, aber da hat er noch mal Glück gehabt.

»Jaaaa? Wer will das wissen?«

»Ich. Und ich muss dringend ein Wörtchen mit dir reden.«

Ich nicke in die andere Richtung des Schulhofs und gehe einfach los in der Hoffnung, dass mein autoritärer Ton und direkter Blickkontakt ausgereicht haben, damit er mir anstandslos folgt. Ja. Ich kann autoritär sein, wenn ich will. Mein Hund hört schließlich auch auf mich. Ab und zu wenigstens. Für Tiere braucht man Führungspersönlichkeit. Für Kinder auch.

Schließlich drehe ich mich um. Wir stehen uns gegenüber. Ich blicke ihm fest in die Augen (ich sag nur: Hundeschule).

Leider ist Lukas fast einen Kopf größer als ich. Seit wann sind Fünfzehnjährige so riesig? Egal. Ich bin eine Löwenmutter.

»Was willst du von Sophie?« Klarer, bestimmter Tonfall, direkter Blickkontakt. Gelernt ist gelernt.

»Ich? Wieso wollen Sie das wissen?« Lukas schrumpft gerade um ein paar Zentimeter.

»Weil ich ihre Mutter bin. Und ich will wissen, was du von meiner Tochter willst.«

Lukas sieht aus, als würde er vor lauter Peinlichkeit am allerliebsten im Boden versinken. Wenn irgendeiner von Sophies Klassenkameraden von der Sache hier Wind bekommt, bin ich bei meiner Tochter geliefert. Für immer.

»Ich … ich weiß nicht.« Lukas tritt von einem Bein auf das andere. Auch in eins achtzig großen Fünfzehnjährigen stecken offensichtlich fünfjährige Jungs.

»Gut. Dann frage ich noch mal anders: Bist du verliebt in Sophie?«

»Ich … ähmmm öhhhh …«

Lukas wird rot. Richtig knallrot. Vielleicht ist er doch kein böser Junge? Vielleicht ist er ja ganz ein Guter? Egal. Ich bin hier auf einer Mission.

»Ich warte.«

Ich blicke ihm einfach weiter direkt in die Augen. Er ist mittlerweile auf meine Brusthöhe geschrumpft und sieht sich gehetzt um.

»Nun … ähm … also, wenn Sie mich so fragen …«

»Ich frage so. Und das hier bleibt alles unter uns.« Das versichere ich ihm noch schnell, aber mein Blick bohrt sich weiterhin gnadenlos in seine Pupillen.

»Ja«, haucht Lukas schließlich. Ganz leise Stimme. Ich hab's fast nicht gehört.

»Gut. Warum rufst du sie dann nicht an, wenn du sagst, du rufst sie an? Warum meldest du dich manchmal drei Tage nicht? Hast du was Besseres zu tun, als meine Tochter zu lieben? Das kann ja wohl nicht wahr sein. Benimm dich endlich wie ein richtiger

Mann. Ein richtiger Mann ist ein guter Mann. Und ein guter Mann steht zu seinen Gefühlen. Ein guter Mann ist zuverlässig und macht, was er sagt. Du benimmst dich ab sofort wie ein Gentleman Sophie gegenüber, und falls du nicht weißt, was ein Gentleman ist, googel das bitte. Ein guter Mann ist der, den Frauen wirklich lieben, auch wenn sie sich manchmal in böse Jungs verlieben. Aber wirklich lieben tun wir nur die guten Männer. Also entscheide dich, welche Art von Mann du sein willst. Oder vielmehr werden willst. Und noch was: Wenn du doch nicht verliebt bist, dann lässt du ab sofort komplett die Finger von meiner Tochter. Nix mehr mit Hin und Her und Hü und Hott. Ansonsten: Du musst sie nicht gleich heiraten, aber ein Antrag mit allem Drum und Dran so in zwei, drei Jahren wäre angebracht. Haben wir uns verstanden?«

Lukas blickt mich etwas geschockt an. Dann nickt er.

»Dann ist es ja gut. Und?«

Ich blicke auf sein Handy, um das sich krampfhaft seine Finger schließen. »Und was?«

»Wie wäre es jetzt mit einer netten WhatsApp für Sophie?«

Lukas nickt und beginnt hektisch zu schreiben. Unfassbar, wie schnell die Jugend heutzutage auf so kleinen Tastaturen tippen kann. Selbst Jungs wie Lukas mit Händen wie Schiffspaddel.

»Und dieses kleine Gespräch bleibt für immer unter uns. Auch wenn du Sophie heiraten solltest. Ist das klar? Sonst landet unsere kleine Unterhaltung auf YouTube. Ich habe alles aufgenommen – zur Sicherheit.«

Lukas nickt, damit habe ich ihn für alle Zeiten in der Hand. Nichts wäre für ihn peinlicher, als dieses nicht vorhandene Video auf YouTube ansehen zu müssen.

Ich gehe mit hocherhobenem Haupt ins Schulgebäude. Eigentlich könnte ich gleich noch ein Wörtchen mit dem unfähigen Mathelehrer reden, wenn ich schon hier bin.

Als ich die Stufen zum Lehrerzimmer hochgehe, fällt mir ein alter Spruch und Buchtitel aus meiner Jugend ein: *Gute Mädchen kommen in den Himmel, böse überall hin.* Wie schön, dass ich ein böses Mädchen bin. Jetzt muss ich nur noch Sophie beibringen, wie man ein böses Mädchen wird. Dann kann sie es auch locker mit den bösen Jungs aufnehmen.

Couple Goals

Das Schöne am Zusammenleben mit Kindern: Man fühlt sich selbst nicht so alt, wie man in Wirklichkeit ist. Das Schreckliche am Zusammenleben mit Kindern: Man fühlt sich erheblich älter, als man in Wirklichkeit ist. Je nachdem, was gerade so passiert. Irgendwo dazwischen oszilliere ich wie alle Eltern und versuche dabei, möglichst cool auszusehen. Was mir laut Sophie sowieso nie und nimmer nicht gelingt, aber egal.

Auf jeden Fall halten einen die lieben Kleinen auch sprachlich auf Trab. Im Kindergarten mit erstaunlichen Eigenkreationen, deren Sinn sich erst nach stundenlangem Grübeln erschließen, während das Kind sich die Seele aus dem Leib brüllt, weil es sich unverstanden fühlt. Wer weiß schon, was ein »Budei« ist, wenn das noch nicht mal im Duden steht?

Das geht dann so weiter bis zum Teeniealter, man wird immer wieder mit neuen Wörtern und Wortschöpfungen konfrontiert. Das ist natürlich besonders toll, wenn man ich wie Autorin ist und somit schon ein berufliches Interesse an Wörtern hat.

Neulich im Urlaub war es mal wieder so weit.

Ich lernte wörtermäßig etwas von Sophie dazu. Macht mich auch nicht cooler, ist aber trotzdem schön. Leider muss ich sagen,

dass die Kreativität meiner Tochter, was Wortschöpfungen anbe-
langt, mittlerweile stark nachgelassen hat. Die ganzen neuen, mir
unbekannten Wörter hat nicht mehr ihr Gehirn produziert, sondern das Internet. Und sämtliche Wortschöpfungen sind natürlich mittlerweile auf Englisch.

Alles andere wäre selbstverständlich vollkommen uncool.

Jedenfalls wollten wir nach einem Tag am Strand gerade zum
Abendessen, meine Eltern waren mit von der Partie und warteten
sicher schon unten auf uns, als Sophie noch auf dem Bett lag, wie
immer ihr Handy per Bluetooth mit ihrem Gehirn gekoppelt hatte
und sehnsüchtig auf das Display starrte.

Sie war mal wieder auf Instagram oder auf sonst irgendeiner
Plattform, die ich eher vom Hörensagen kenne.

Es gibt Bereiche, wo ich froh bin, nicht mehr jung sein zu müssen. Ich halte mich von so was ganz gerne fern, mein Leben ist
auch ohne Internet langweilig genug, und ich followe auch nie-
mandem. Ich finde den Gedanken, irgendwelchen Leuten bei ihrem gestellten Leben zuzuschauen, unfassbar ermüdend. Kim
Kardashian geht mir so was von am A… vorbei. Auch wenn ihr
Hintern durchaus beeindruckend ist.

Ich verstehe diese Welt nicht wirklich. Muss ich auch nicht und
soll ich auch nicht. Schließlich bin ich hier die Mutter, und Sophie
ist der Teenie. Und ich bin uncool.

Schon okay.

Also: Sophie lag auf dem Bett und seufzte ab und an ganz sehnsüchtig auf. Ach und Weh!

Ich wurde doch neugierig. Wer oder was um alles in der Welt
konnte meine Tochter so ins Schwärmen bringen?

Ich ging rüber zu ihrem Bett und versuchte, einen Blick auf das
Display zu erhaschen. Das ist strengstens verboten.

»Was ist denn da so interessant?«

Sophie zog sofort ihr Handy an die Brust und verdeckte das Display. Auf ihr Handy zu schauen ist wie in ihr Tagebuch schauen. Nur vielleicht noch intimer. Es könnte ja sein, dass ich durch Zufall drei Wörter erhasche, die sie mit einem Jungen austausche.

DAS GEHT GAR NICHT.

Ich habe von meiner Tochter quasi ein lebenslanges Handyverbot erteilt bekommen. Das gilt natürlich nur für ihr Handy. Versteht sich von selbst. Meins knackt sie in einer Viertelsekunde, wenn sie will. Ach.

Aber diesmal ging es nicht um einen Chat mit einem Jungen.

Daher hielt Sophie mir großzügig ihr Handy hin.

»Hier! Sind die nicht süß?«

Ein erneuter tiefer Seufzer.

»Couple Goals.«

???

Couple Goals? Noch nie gehört. Das will ja nix heißen, aber ich war neugierig.

»Was bitte sind denn Couple Goals?«

»Ach, das sind so Bilder von Paaren.«

Vor meinem geistigen Auge rasten gerade ein paar Internet-Pornoseiten über meine Netzhaut. Hätte ich meiner Tochter doch eine Sperre eingeben sollen? Ich habe ihr einfach nur vertraut und mit ihr über diese Seiten im Netz gesprochen, die man sich als Mädchen besser nicht anschauen sollte. Auch nicht als Junge. Man bekommt sonst entweder völlig unrealistische Vorstellungen und Minderwertigkeitskomplexe von dem Ganzen oder einen Schock fürs Leben – und geht doch lieber ins Kloster. Beides möchte ich meiner Tochter gerne ersparen. Deshalb habe ich sie rechtzeitig davor gewarnt.

Hat wohl nicht viel genutzt, wenn sie sich Paar-Seiten im Internet anschaut. Und dann klärt Sophie mich auf, indem sie mir einfach ihr Handy hinhält.

»Schau mal, wie süüüß!«

Ein schneller Blick von mir genügt. Keine Pornos. Gott sei Dank. Hätte mich auch gewundert, wenn meine Tochter das süß gefunden hätte.

Was ich sehe, sind zwei gut aussehende Teenies in inniger Umarmung an einem See. Vor einem Lagerfeuer. In einem Café. Beim Fahrradfahren. Im Wald. Und auf der Heide.

»Und hier.« – »Und schau mal die hier.« – »Wie er sie umarmt.«

Sophie klickt durch die Seiten. Ein hübsches Pärchen nach dem anderen. Beim Posen für die Kamera. Alles süüüß. Alles sehr nett. Alles harmlos. Zwei junge Menschen, die frischverliebt zusammen sind und sich dabei fotografieren.

Paar-Ziele.

Eine perfekte Welt. Perfekte Paare. Ein perfektes Leben.

Ich merke, wie bei mir sofort der Reflex einsetzt, Sophie darüber aufzuklären, dass die Paarwelt nicht immer so rosarot und perfekt ist wie auf diesen Bildern.

Schließlich bin ich ja schon älter und was Beziehungen mit Männern betrifft bereits durch einige Höhen und Tiefen gegangen. Und eine Trennung mit Kind ist ziemlich furchtbar für alle Beteiligten.

Ich bin eine Miesepetra. Und stoppe mich noch rechtzeitig. Ist ja nicht so, dass Sophie die Trennung von ihrem Vater nicht miterlebt hätte. Und ich habe in ihrem Alter schließlich auch geträumt. Von dem perfekten Jungen. Von dem perfekten Leben. Und das ist vollkommen in Ordnung so.

Dass das im wahren Leben nicht immer so ist, wird sie noch früh genug bemerken. Aber wer weiß, vielleicht trifft sie ja den

Mann ihres Lebens und alles ist und bleibt so wie auf diesen Fotos. Das soll es geben.

Ich weiß nicht mehr, ob ich damals auch schon Couple Goals hatte. Zumindest haben wir das nicht so genannt, wenn wir uns eine Beziehung mit dem Jungen unserer Träume vorgestellt haben.

Aber eins weiß ich sicher: Wir wollten nicht so sein wie unsere Eltern. Jetzt sitzen meine Eltern unten und warten schon viel zu lange, bis Sophie und ich endlich zum Abendessen runterkommen. Sie sind seit hundert Jahren glücklich verheiratet, und ich bin alleinerziehend, wenn auch mit einem neuen Mann an meiner Seite. Ich würde mal sagen, das Ziel, nicht so zu werden wie meine Eltern, habe ich erreicht.

Allerdings etwas anders als gedacht.

Vielleicht sind Couple Goals doch gar nicht so schlecht. Vielleicht ist es gut, wenn Sophie nicht so werden will wie ihre Eltern. Und vielleicht ist es so, dass meine Tochter mir irgendwann zeigt, wie eine gute Beziehung funktioniert.

Und vielleicht kann man von Teenies nicht nur wörtermäßig ab und an was dazulernen. Auch sonst sind die manchmal gar nicht so doof, wie sie tun.

Das Maß der Dinge

Zu den großen kleinen Unterschieden zwischen den Geschlechtern gehört ganz eindeutig die handwerkliche Hochbegabung von Männern.

Männer sind einfach dafür geschaffen, Bohrmaschinen zu halten, Schraubenzieher zu betätigen und Betonmischer anzuwerfen.

Männer können das von Geburt an. Die kommen quasi schon mit einem Hammer in der Hand auf die Welt. Wir Frauen hingegen müssen diese Fertigkeiten erst mühsam erlernen – wenn wir es überhaupt schaffen.

Nicht umsonst ist der Gott Thor – also der mit dem Hammer, der den Donner macht – ein Mann. Eine Frau könnte mit so einem Ding nie so viel Krach und Dreck machen.

Es ist schon ziemlich lange her, da hatte ich noch einen anderen Mann an meiner Seite: Sophies Vater.

Sophie war damals auch noch viel kleiner und noch nicht in der Pubertät.

Ach, ich sehne mich manchmal danach zurück.

Also ich sehne mich nicht nach meinem Exmann zurück, nicht dass das hier jemand falsch versteht.

Aber die Zeit vor Sophies Pubertät war schon sehr schön.

Sophie fand Jungs damals doof und mich toll.

Heutzutage ist das umgekehrt.

Sophie wollte damals unbedingt Innenrollos. Damit der blöde Nachbarjunge nicht mehr ungehindert in ihr Zimmer schauen konnte. Inzwischen hätte sie nicht mehr unbedingt was dagegen, sofern der Nachbarjunge ein Sixpack hat und aussieht wie Cole Sprouse, diesen einen coolen Typen von *Riverdale*.

Ich war froh, dass Sophie aus der Rosaphase raus war, und auch die Pferdephase lag schon lange hinter ihr, somit konnten wir uns auf weiße Rollos einigen. Die Cole-Sprouse-Phase wird aber wohl noch länger anhalten.

Also gingen wir in den Baumarkt.

Alle drei minus Sophie.

Sophie hatte keinen Bock auf Baumarkt, und ich hatte keinen Bock auf Baumarkt mit einem Kind, das keinen Bock auf Baumarkt hatte.

Baumärkte sind für Männer das, was Schuhläden für Frauen sind. Mann will nur eine Schraube kaufen und kommt mit einer neuen Bohrmaschine für über 300 Euro zurück, obwohl bereits drei ähnliche Exemplare im Keller liegen. Als kluge Frau sollte man sich darüber nicht beschweren. Schließlich stehen unsere Schuhe meistens nicht im Keller, kosten manchmal mehr als 300 Euro – und davon haben wir auch mehr als ein Paar.

Irgendwann standen also mein Damals-Mann und ich in der Abteilung für Innenrollos.

Mein Damals-Mann hatte vorher natürlich die Fenster in Sophies Zimmer fachmännisch ausgemessen. Ein Meter fünfunddreißig

Breite sollten die neuen Rollos haben. Nicht mehr und nicht weniger.

Jetzt stand mein Damals-Mann vor einem Regal mit ungefähr vierhundertfünfundneunzig Rollos. In allen Farben. In allen Formen. In allen Größen.

In München gibt es viele Männer, muss man wissen, daher gibt es auch viele Baumärkte. Und damit diese Baumärkte auch all die vielen Männer von München fassen können, sind die Baumärkte in München ganz besonders groß. Also zumindest kommt mir das so vor.

Mein Damals-Mann blickte sich etwas ratlos um. Kein Wunder, es war wirklich beeindruckend. Für eine Sekunde überlegte ich, ob es vielleicht doch mehr Rollos als Schuhe auf dieser Welt geben könnte. Aber nein, das kann einfach nicht sein. Dann hätte die Emanzipation ja wirklich gar nichts gebracht.

»Ein Meter fünfunddreißig. Wieso gibt es hier keine Rollos mit ein Meter fünfunddreißig Breite? Das gibt's doch nicht? Siehst du Rollos mit eins fünfunddreißig Breite?«

Ich blickte hoch. Das Regal schwankte. Die Rollos verschwammen etwas vor meinen Augen. Aber ich machte mich tapfer auf die Suche.

Nix. Nada. Keine Rollos in ein Meter fünfunddreißig. Weder in Weiß noch in Schwarz noch mit Pferd oder in Rosa.

Wie war das möglich? In Deutschland ist doch alles genormt. Nichts tanzt aus der Reihe. Ich nicht und schon gar nicht die Rollos. Und es gab schließlich auch Rollos in eins vierzig und welche in eins dreißig. Aber eben nicht in eins fünfunddreißig.

»Vielleicht hast du falsch gemessen?«, fragte ich meinen Damals-Mann.

Noch bevor ich meinen Mund wieder zu hatte, war mir klar, dass diese Bemerkung absolut daneben war. Hochbegabte sind besondere Menschen. Normalos wie wir Frauen können sie nicht so leicht verstehen.

Ich weiß das. Ich hatte nämlich mal so ein Erlebnis mit meinem Damals-Mann. Da ging es um den Blauregen, der an der Garagenwand lebte. Der Blauregen wuchs und wuchs und wuchs der Garage und mir über den Kopf. Ich bat meinen Damals-Mann, doch etwas Handwerkliches zu unternehmen, damit der Blauregen neuen Halt an der Garagenwand finden konnte. Mein Damals-Mann hörte aufs Wort, ging schnurstracks in den Keller, kam mit einem Drahtkleiderbügel zurück, bog etwas hier und etwas da – und schon hing ein Teil des Blauregens am Kleiderbügel, und der Kleiderbügel hing mit dem Haken in der Regenrinne vom Garagendach.

Genial.

Wie eben immer bei Hochbegabten.

Ich hab am nächsten Tag die Hausverwaltung angerufen und einen Handwerker und ein Spalier bestellt. Man muss als Frau nicht hochbegabt sein, man muss nur wissen, wo man einen Handwerker herbekommt. Mein Damals-Mann hat das nie bemerkt. Ich hatte den Handwerker nämlich gebeten, den Kleiderbügel einfach dort zu lassen, wo er war, und das Spalier drum herum zu bauen.

»Ich hab nicht falsch gemessen. Ich messe immer sehr genau. Die hier sind einfach nicht gut ausgestattet. Wir fahren noch in den Baumarkt im Euroindustriepark.« Sprach mein Damals-Mann, und drei Baumärkte und vier Stunden später hatten wir ein Rollo in ein Meter vierzig gekauft. Den könne er locker abschneiden, meinte mein Damals-Mann. Er hätte eine Flex im Keller.

Als wir zu Hause waren, holte mein Damals-Mann die Flex aus dem Keller, und ein paar Staubwolken später war das Rollo auf eins fünfunddreißig gekürzt – und passte nicht.

Das Fenster war doch eins vierzig breit.

Wieder ankleben ging schlecht. Dafür sind Rollos einfach nicht gemacht.

Ich fuhr zurück in den Baumarkt. Um noch mal Eins-vierzig-Rollos zu kaufen. Mein Damals-Mann meinte, ich würde ja viel Yoga machen, deshalb wäre ich entspannter als er und darum würde es mir doch nicht so viel ausmachen, noch mal zurückzufahren.

Kurz darauf war mein Damals-Mann zur Montage bereit.

»Wo ist die Bohrmaschine?«, fragte er mich.

»Im Keller, da, wo sie immer ist«, antwortete ich pflichtgemäß.

»Würdest du sie mir bitte holen? Und bring bitte auch gleich den Staubsauger mit. Ich muss hier noch ein paar Sachen vorbereiten, bevor ich mit dem Bohren anfangen kann.«

Den Staubsauger mitbringen!

Ich weiß, was das heißt. Ich habe meine Kindheit damit verbracht, das Staubsaugerrohr an die Wand zu halten, während mein Vater Löcher in die verschiedensten Wände gebohrt hat. Mein Vater ist Handwerker. Von Beruf. Bei uns zu Hause wurden sehr viele Löcher in sehr viele Wände gebohrt. Und ich hab den Staubsauger gehalten. Das hörte erst auf, als ich nach München gezogen bin. Ich habe den Job dann an meine Mutter weitergegeben. Sie kann das auch ganz gut, auch wenn sie etwas kleiner ist als ich. Aber das Rohr des Staubsaugers lässt sich ja problemlos ausziehen.

Kurz darauf waren wir so weit. Ich hatte alles professionell vorbereitet. Hochbegabte brauchen gute Assistenten.

Mein Damals-Mann fing an zu bohren. Ich hielt den Staubsauger. Es war höllisch laut. Die halbe Wand brach raus.

Mein Damals-Mann fing an zu fluchen.

47

»Xxmxlkjkljlkjlkerijoiermmmvijkjljlkj!!!!!«

Ich kann das hier jetzt nicht wiederholen. Sonst dürfte das Buch erst ab achtzehn freigegeben werden.

Auf jeden Fall war der Eigentümer schuld. Ganz klar. Wie kann man auch einen Neubau so bauen, dass die Wände schlimmer sind als in einem Altbau.

Der Eigentümer war offensichtlich kein hochbegabter Handwerker. Und die Bauarbeiter waren auch nicht gerade hochbegabt. Sonst wäre das ganze Haus anders gebaut. Und nicht so ein Pfusch.

Mein Damals-Mann hatte die Nase voll.

Und außerdem wollte er Nachrichten schauen.

Es war schon spät, und politische Bildung ist auch wichtig.

Er vertagte Sophies Rollos auf das nächste Wochenende.

Kein Problem.

Ich nähte Sophie in der Woche drauf ein paar schöne Stoffvorhänge. Nähen ist eindeutig eine weibliche Domäne, und weil ich schon dabei war, ging ich in den Baumarkt und kaufte schnell noch ein paar neue Vorhangstangen, bohrte mit der Bohrmaschine ein paar Löcher in die Wand und bat Sophie, mir den Staubsauger an die Wand zu halten, während ich bohrte. Traditionen sollen schließlich weitergegeben werden, von Generation zu Generation. Dann hängte ich die Vorhänge auf. Sah ganz gut aus.

Und Sophie war auch zufrieden. Mein Damals-Mann bemerkte es nicht und vertagte die Montage der Rollos von einem Wochenende aufs nächste, bis sie schließlich in Vergessenheit gerieten.

Der neue Mann an meiner Seite ist übrigens Handwerker von Beruf. Ich habe noch nicht getestet, wie hochbegabt er in dieser Hinsicht privat ist. Aber egal, wie hoch sein HQ (Handwerker-Quotient) ist, ich schätze, ich werde wieder den Staubsauger halten.

Das Ziel ist der Weg

Männer fragen nie nach dem Weg. Deshalb bin ich sicher, dass es ein Mann war, der das GPS erfunden hat.

Das kann nur ein Mann gewesen sein. Wir Frauen haben ja kein Problem damit, einfach mal zu fragen, wo es langgeht. Da ergibt sich des Öfteren doch ein nettes Gespräch, und man erfährt nicht nur nebenbei, wo es den besten Kuchen in der Gegend gibt, sondern auch, dass der Bürgermeister des Ortes, durch den man seit einer Stunde im Kreis fährt, seit zwei Monaten eine neue Geliebte hat. Alles Informationen, die man mit GPS und ohne Fragen nie bekommen würde.

Was mich allerdings bei der ganzen Sache wundert, ist, dass das GPS in jedem Fahrzeug, das ich so kenne, mit einer Frauenstimme redet. Kann man das eigentlich einstellen? Also verschiedene Stimmen? Mal Männer, mal Frauen oder sogar Kinderstimmen und eventuell mit französischem Akzent.

Also ich stelle mir das sehr nett vor, wenn ich mitten im vierspurigen Zwölf-Kilometer-Stau bei Stuttgart stehe, und ein Mann sagt zu mir: »Bitteee weeendene. Merci, Chérie«, hingehaucht mit erotischem französischem Zungenschlag.

Aber nein. Mit mir und mit allen anderen redet immer nur eine Frau mit dieser penetrant freundlich säuselnden Stimme.

Dabei lassen sich Männer von einer Frau im Straßenverkehr doch eigentlich gar nichts sagen. Egal in welcher Tonlage. Das weiß jede Frau, die schon mal neben einem Mann im Auto gesessen hat. Was uns Frauen natürlich trotzdem nicht daran hindert, einem Mann zu sagen, wo es langgeht. Im Auto und auch sonst.

Neulich bin ich mit dem neuen Mann an meiner Seite unterwegs gewesen. In seinem Auto. Mein Auto fährt er nicht – es hat zu wenig PS, das ist unter seiner Würde. Kein Mann, der noch einen Rest von Selbstachtung hat, wäre seiner Meinung nach in so einer Reisschüssel unterwegs. Dabei ist mein derzeitiges Auto das beste und tollste Auto, das ich jemals hatte. Aber ich bin eben eine Frau. Meine Selbstachtung ist nicht von der PS-Zahl meines Autos abhängig. Nur von meinem Gewicht, meinem Aussehen oder dem Sitz meiner Frisur.

In jedem Fall war ich mit dem neuen Mann an meiner Seite und seinem Auto unterwegs. Ein netter kleiner Ausflug in die Berge sollte es sein. An einen kleinen See mit einem kleinen Gasthof anbei. Der neue Mann meinte, er wüsste ungefähr, wo das sei. Das GPS einzuschalten sei daher völlig überflüssig, sagte er und fuhr los.

Er fuhr quer durch einen Kreisverkehr. Also, ich meine, so mitten durch den Kreis hindurch. Eine Abkürzung anscheinend. Es holperte etwas. Ich hielt mich am Sitz fest. Alles kein Problem – er hat einen SUV, da darf man das, klärte mich der neue Mann an meiner Seite auf.

Man will ja am Anfang einer Beziehung als Frau nicht besserwisserisch rüberkommen. Man will auch nicht so viel rumkritisieren. Da wirkt man schnell zickig, und zickig finden Männer unattraktiv.

Wir fuhren weiter. Und weiter und weiter. Wir kamen auch an einem See vorbei. Aber es war nicht *der* See. Wir kamen dann noch mal an dem See vorbei. Es war aber immer noch nicht *der* See. Ich hatte das leichte Gefühl, wir fuhren im Kreis.

Aber wie schon gesagt, man will und sollte als Frau am Anfang nicht zu viel rummeckern.

Der neue Mann an meiner Seite fuhr und fuhr und fuhr weiter.

Als wir das fünfte Mal an dem See vorbeifuhren, der nicht *der* See war, schaltete er wortlos das GPS ein.

Ganz ohne dass ich zickig werden musste. Er ist eben ein toller Mann und weiß genau, wann es an der Zeit ist, sich von einer Frau was sagen zu lassen.

Das GPS lotste uns weiter in die Berge. Wir konnten den See, der nicht *der* See war, hinter uns lassen und fuhren beschwingt weiter. Immer tiefer in die Berge hinein.

Und dann sagte die unerträglich nette Frau vom GPS: »In zweihundert Metern rechts abbiegen«, und dann sagte sie: »Jetzt rechts abbiegen.«

Vor uns öffnete sich ein kleiner Waldweg. Der kleine See konnte sicher nicht mehr weit sein. Das GPS meinte, bald hätten wir unser Ziel erreicht. Der neue Mann an meiner Seite bog rechts ab. Der kleine Waldweg schlängelte sich durch den Wald. Und durch die Bäume, und weiter ging es.

Ein See war leider nicht in Sicht. Die Straße wurde immer schmaler und führte immer höher hinauf.

Die freundliche GPS-Frau meinte weiterhin sehr freundlich, bald hätten wir unser Ziel erreicht. An mir nagten kleine Zweifel. Wir waren schon über der Baumgrenze. Von einem kleinen See weit und breit keine Spur. Und wenn ich mich recht erinnerte, war der See auf den Bildern von Bäumen umgeben gewesen.

Ich wollte gerade den neuen Mann an meiner Seite über meine Zweifel unterrichten, da sagte die nette Frau vom GPS: »Bitte wenden!« Und der kleine blaue Zielpunkt auf dem Bildschirm war auch plötzlich ganz woanders.

Der neue Mann an meiner Seite verlor ein wenig die Contenance. Er herrschte die Frau vom GPS in einem Ton an, von dem ich hoffe, dass er nie so mit mir reden wird.

»Ich kann hier nicht wenden, du blöde Nuss, das ist hier viel zu eng. Siehst du das denn nicht?«

Rechts ging es steil bergab, links ging es steil bergan.

Ich musste dem neuen Mann an meiner Seite völlig recht geben. Wenden wäre hier keine gute Idee. Gar keine gute Idee.

Die Frau vom GPS redete einfach weiter.

»Bitte wenden.« – »Bitte wenden.« – »Bitte wenden.«

Die Stimme klang beinahe flehentlich. Die Frau stand offensichtlich kurz vor einem Herzinfarkt. Mir wurde etwas Angst.

»Halt endlich die Klappe, du blöde Kuh«, schnauzte der neue Mann an meiner Seite und fuhr um eine Haarnadelkurve. Er ist ein guter Fahrer. Ein paar Steine fielen in den Abgrund. Wir nicht.

Die Tussi vom GPS war beleidigt und redete nicht mehr.

Auch nicht, als wir langsam den Berg wieder runterfuhren und ich es mit ihr versuchte.

Sie ist eben eine Frau. Wir Frauen können stundenlang schmollen. Das weiß ich aus eigener Erfahrung.

Wir fuhren immer weiter in die Berge rein. Es schien mir doch, wir wären weit vom Weg abgekommen, und von einem kleinen See war auch weiterhin nichts zu sehen.

»Soll ich nicht einfach doch mal nach dem Weg fragen?«

Der neue Mann an meiner Seite brummte nur ungehalten.

Sehr ungehalten.

Ich seufzte und ergab mich meinem Schicksal.

Wie schon gesagt, ich will nur ungerne als Zicke rüberkommen.

Außerdem hätte ich wohl hier in der Einsamkeit auch nur ein Reh nach dem Weg fragen können. Oder einen Wolf. Und wir wissen ja, wie das ausgehen kann, wenn man einen Wolf nach dem Weg fragt. Und so fuhren der neue Mann an meiner Seite und ich weiter und weiter und weiter und weiter.

Das GPS schwieg immer noch beleidigt.

Diesen Text schreibe ich übrigens von Feuerland aus. Ich hoffe, Weihnachten 2024 wieder zurück zu sein. Die Erde ist ja Gott sei Dank keine Scheibe mehr, sondern mittlerweile rund, also habe ich durchaus die Hoffnung, irgendwann wieder am Ausgangspunkt anzukommen.

Bis dahin liebe Grüße an alle.

PS: Das GPS schweigt immer noch. Typisch Frau. Weiß nie, wann es genug ist.

Der Bart ist ab

Der neue Mann an meiner Seite trägt normalerweise einen Vollbart. Komplette Gesichtsbehaarung also. Man sieht aber noch die Augen und die Nase, worüber ich sehr froh bin, sonst hätte ich das Gefühl, ich wäre irgendwie mit Chewbacca zusammen. Und ich stand echt schon immer mehr auf Han Solo. Und der ist nun mal bartlos.

Bärte sind bei Männern aber ja gerade wahnsinnig in. Man sieht sie mittlerweile überall auf Werbeplakaten, im Fernsehen, im Internet und auch auf der Straße fällt mir der zunehmende Wildwuchs im Gesicht vermehrt auf.

Bärte sind vollkommen Hipster.

Das weiß ich von Sophie. (Der Bart war übrigens das Einzige, was meine Tochter an dem neuen Mann an meiner Seite gut fand, als sie das erste Mal ein Foto von ihm gesehen hat.) Meine Tochter ist nämlich selbst Super-Hipster. Allerdings ist sie vollkommen bartlos, wie ich betonen möchte.

Man kann als Mädchen übrigens auch bartlos Hipster sein, muss dann aber in der Lage sein, aus seinem Haarwuchs so einen netten »Bun« (früher hieß das Ding Dutt, eine kleine Hip-Übersetzung für alle Leserinnen, die ohne Teenagertöchter auskommen müssen) auf dem Kopf zu trillern und dazu eine Nerd-Brille tragen. Beides kann meine Tochter perfekt, und das heißt, sie ist ein Eins-a-Hipster-Mädchen. Auch besitzt meine Tochter eine Tasche auf der »Selber Hipster« steht. Die hat sie von ihrem um einiges älteren Halbbruder bekommen, der übrigens seit Neuestem auch einen Bart trägt. Einen Hipster-Bart. So einen Bart, wie ihn die Jungs in der Werbung für Craft Beer tragen. Einen Bart, der sagt: Ich bin ein ganzer, echter Kerl und kann im Notfall einen Bären mit bloßen Händen erlegen – auch wenn ich den ganzen Tag nur am Schreibtisch am Computer und die ganze Nacht in einem Club abhänge und ich den letzten lebenden Bären mit fünf im Zoo gesehen habe.

Diese ganze Bart-Epidemie bei Männern in den letzten zwei, drei Jahren hat mich am Anfang etwas verunsichert. Ich bin ja aus der Generation, wo man alte Bärte lieber abschneiden wollte. Ich kann mich nicht erinnern, dass in meiner Jugend auch nur ein einziger Junge einen Bart gehabt hätte. Noch nicht mal einen Dreitagebart. Bärte irritieren mich daher im Normalfall eher. Das Thema fiel bei mir bisher irgendwie unter das Kapitel »Vollverschleierung beim Mann«. Ich will einfach lieber sehen, wen ich so vor mir habe.

Aber der neue Mann an meiner Seite hat nun mal einen Bart. Wie sich übrigens rausgestellt hat, ist das kein Hipster-Bart, sondern einfach nur ein ganz altmodischer Vollbart. Das hat meine Tochter bemerkt, nachdem der neue Mann an meiner Seite keinerlei weitere Symptome des modernen Hipstertums vorweisen kann. Er hat oben auf dem Kopf weder einen Side- noch einen Undercut, hat in meiner Anwesenheit noch nie Holzfällerhemden getragen, und auch Converse-Schuhe wirken an über Fünfzigjährigen eher verzweifelt als hip, weshalb er freiwillig davon Abstand nimmt. Das endgültige Hipster-Aus war dann sein altmodisches Handy. Das Ding ist irgendwas von Samsung und nicht alt genug, um schick zu sein, und nicht neu genug, um in zu sein. Also der neue Mann an meiner Seite ist einfach nur ein Opa mit Bart und veraltetem Mobilfunkgerät – für meine Tochter zumindest.

Ich registriere das alles durchaus positiv. Für meine Tochter hingegen sind das »Geht ja gar nicht«-Kriterien. Aber was soll's. Sie muss ja nicht mit ihm zusammen sein. Und ich könnte wirklich nicht mit einem echten Hipster zusammen sein, denn meine Haare sind viel zu dünn für so einen »Bun«, und mit einer echten Nerd-Brille sehe ich nicht hip aus, sondern wie der späte Woody Allen. Und wer will als Frau schon so aussehen?

Nun, ich fand den Bart des neuen Mannes am Anfang ehrlich gesagt auch etwas gewöhnungsbedürftig. Das lag wahrscheinlich daran, dass ich noch nie einen Mann mit Bart hatte. Nur mit Dreitagebart. Die hatte ich öfter, und die mag ich auch. Ich meine die Männer mit den Bärten, nicht die Bärte. Aber ehrlich gesagt, das zählt alles nicht mehr, wenn man erst mal einen mit Vollbart hatte. Das ist so, als würde man einen Pixie-Schnitt mit einem Afro vergleichen. Geht gar nicht. Sind zwei völlig verschiedene Dinge, die nur entfernt etwas miteinander zu tun haben. Ein Mann, eine Frau sind schließlich auch beides Menschen, trotzdem kann man sie nicht einfach so miteinander vergleichen.

Aber Küssen ist definitiv anders mit Vollbart. Sehr gewöhnungsbedürftig. Es ist nicht der Geschmack von Wildnis und Abenteuer. Eher der vom letzten Mittagessen. Das war jetzt gemein, ich weiß, muss aber mal gesagt werden.

Am liebsten hätte ich ihm einfach den Bart abrasiert, aber man will ja am Anfang einer Beziehung nicht gleich mit einem »Bart-Ab« ins Haus fallen. Das ist ganz schlechter Stil, finde ich. Und da der Rest des Mannes mehr als passabel war, habe ich den Bart einfach ignoriert und ihm in die Augen geschaut. Nothing is perfect in this world.

Und siehe da: Ich habe mich an den Bart gewöhnt. Fand ihn irgendwann sogar ganz spannend. Dann fand ich ihn plötzlich richtig modern. Dann fand ich ihn hip. Und dann fand ich ihn irgendwann ganz männlich. Und dann ertappte ich mich sogar bei dem Gedanken, dass nur ein Mann mit Vollbart ein ganzer Mann ist.

Und dann war der Bart von einem Tag auf den anderen plötzlich nicht mehr da.

Weg. Verschwunden. Glatt rasiert. Ab.

Ich war so was von geschockt.

Ich blickte den neuen Mann an meiner Seite an und stellte fest, er war plötzlich noch mal ganz neu geworden. So ganz ohne Bart. So ganz ungewohnt. Er sah völlig anders aus. Ich war irgendwie fassungslos.

Erst musste ich mich mühsam an den Bart gewöhnen, und dann das! Unglaublich!

Und dann kam mir der Gedanke: Der Arme, das ist bestimmt wegen seiner Scheidung, die gerade läuft. Das ist wahrscheinlich wie bei Frauen, wenn die wegen einer großen Krise ihr Leben verändern wollen und zum Friseur ihres Vertrauens einfach nur noch sagen: »Mach mal. Haare ab. Ich brauch was völlig Neues.«

Wenn eine Frau sich die Haare abschneiden lässt, will sie keine andere Frisur, sie will im Grunde genommen ein anderes Leben. Alles klar: Der arme Mann ist mitten in einer Krise. Der nicht mehr vorhandene Bart ist einfach nur das sichtbare Zeichen davon. Bart ab. Haare ab. Frau ab.

Diese Gedanken schossen mir durch den Kopf, während ich immer noch den völlig veränderten Mann anstarrte. Und dann umarmte ich ihn und sagte vorsichtig: »Ich wusste gar nicht, dass die Scheidung dich so mitnimmt.« Damit hatte ich echt nicht gerechnet, schließlich sind er und seine Exfrau doch schon seit mehr als zwei Jahren getrennt.

Der neue Mann an meiner Seite löste sich aus meiner Umarmung und starrte mich seinerseits einen Augenblick völlig verwirrt an.

Dann fing er hemmungslos an zu lachen. Er hielt sich geradezu den Bauch vor Lachen. War das jetzt Hysterie? Ging es ihm denn soooo schlecht? Ich wusste gerade gar nicht, was ich machen soll, da keuchte er schließlich hervor: »Zweihundert Stundenkilometer. Das hat doch mit der Scheidung nix zu tun, ich bin doch keine Frau.«

Auweia. Ich lag falsch, vollkommen falsch.

Er hatte natürlich recht. Kein Mann wird von egal was – und schon gar nicht von einer Frau oder einer Scheidung – so mitgenommen, dass er dadurch irgendwas an seinem Äußeren verändern würde. Außer es ist etwas, das sich quasi von ganz alleine verändert, wie der Bauch, der langsam durch zu viel Bier wächst.

Aber wieso war der Bart ab? Und was hatte das mit zweihundert Stundenkilometern zu tun? Ich verstand nur Bahnhof. War er zu schnell mit dem Motorrad gefahren, und der Fahrtwind hatte ihm die Barthaare rausgerissen?

Das konnte es wohl nicht sein. Das war es auch nicht. Wie sich schließlich rausstellte, war er auf der Autobahn über zweihundert Stundenkilometer gefahren, wo eigentlich nur achtzig erlaubt waren, und dabei geblitzt worden. Mit Bart natürlich. Ein richtig schönes Fahndungsfoto.

Und den Bart hat er sich abrasiert, damit er im Notfall behaupten kann, er war das gar nicht. Das auf dem Radarfoto sei jemand völlig anderer mit diesem Gesichtsbewuchs. Denn sonst wäre der Führerschein ziemlich sicher für eine ziemlich lange Zeit weg.

Ein ganz klarer Grund für die Rasur. Hätte ich mir gleich denken können, dass das nichts mit Gefühlen zu tun hatte. Schließlich ist er ein Mann.

»Und warum bist du zweihundert gefahren, wo nur achtzig erlaubt war?«

»Einfach so, die Straße war frei.«

Klar. Einfach so. Die Straße war frei. Das ist nun wirklich typisch Mann. Ich glaube, keine Frau auf der Welt würde auf den Gedanken kommen, mal einfach so zweihundert zu fahren, obwohl nur achtzig erlaubt sind. Wenn eine Frau so etwas tut, dann hat sie einen triftigen Grund für so eine Raserei: Sie will sich umbringen. Sie will ihn umbringen. Sie hat den Lippenstift zu Hause vergessen und hat gleich ein Date.

Ich konnte es nicht fassen. Aber ein Mann muss tun, was er tun muss.

Die nächsten Wochen vergingen dann bartfrei. Ich trauerte etwas. Und tröstete mich, das Ding wächst ja wieder nach. Vielleicht sollte ich es solange mit einem Holzfällerhemd und Converse bei ihm versuchen, um dieses alte Gefühl des »Ich bin mit einem Fast-Hipster zusammen« wieder zu bekommen?

Irgendwann kam dann der Strafbescheid mit dem Foto. Als ich das Foto sah, fiel ich vor Lachen fast vom Stuhl. Es ist völlig unscharf, und er ist darauf überhaupt nicht zu erkennen. Er trägt nicht nur Vollbart, irgendwie hängen ihm auch noch Haare im Gesicht, und überhaupt sieht man eigentlich nur Haare. Es sieht aus, als würde Chewbacca persönlich Auto fahren. Auch der Anwalt sagt, er muss sich keine Sorgen machen. Die Polizei kommt mit diesem Foto niemals durch.

Und der Bart wächst seitdem wieder. Hip, Hipster, hurra.

Der Duft der kleinen Welt

Sophie sitzt seit ein paar Wochen in der Schule neben einem neuen Jungen. Das ist jetzt an und für sich nichts Neues. Die wechseln in der Schule öfter mal die Sitzplätze, und Jungs und Mädchen sind in Sophies Schule gemischt, damit Sophie abhärtet und sich später mal keine Illusionen über das andere Geschlecht macht.

Ist ja auch ganz gut, dass die Kids immer mal wieder die Sitzplätze wechseln, sonst cliquen ständig nur die Gleichen zusammen. Früher hat es Sophie auch nicht gestört, neben einem Jungen zu sitzen. Heute stört es Sophie immer noch nicht. Oder vielmehr: Es stört sie nicht grundsätzlich, es stört sie nur etwas, dass Elias, ihr neuer Sitznachbar, ein wenig müffelt.

Und Elias stört es auch nicht grundsätzlich, ihn stört es nur, dass Sophie ein wenig duftet.

Denn Sophie benutzt seit ein paar Monaten täglich Bodyspray. Das ist so was wie Parfüm, aber nicht ganz so wild.

Und sie benutzt Deo. Und Duschgel. Und Bodylotion. Und Shampoo. Und Conditioner. Und Nagellack. Und Wimperntusche. Und Concealer. Und was weiß ich noch alles.

Sophie könnte problemlos mit den Tuben und Tiegeln und Fläschchen in ihrem Zimmer eine Filiale vom dm-Markt eröffnen.

Wahrscheinlich hat sie das auch schon längst getan. Hier gehen regelmäßig ziemliche Mengen an Mädchen ein und aus, und alle hinterlassen eine Duftspur. Das beginnt bei den Mädchen schon kurz vor der Pubertät. Also wenn die Tochter anfängt, sich einzusprühen und einzucremen, stehen einem als Eltern stürmische Zeiten bevor. Mit Jungs sind die Zeiten nicht weniger stürmisch, sie duften aber noch lange nicht so gut.

Also Elias beschwert sich, dass Sophie derzeit jeden Morgen, wenn sie sich neben ihn setzt, nach Vanille riecht. Das ist ihr neues Bodyspray »Secret Love Spell«.

Er meckert nicht wirklich laut, eher so vor sich hin, nach dem Motto »Oh, schon wieder bisschen viel Vanille«, denn er steht auf Sophie, auch wenn Sophie meint, das ist nicht so. Aber ich bin ihre Mutter, ich weiß das doch besser, und das »Secret Love Spell« erledigt den Rest.

Sophie ist in jedem Fall gerade dabei, sich in rasender Geschwindigkeit in eine Frau zu verwandeln. Und das nicht nur in olfaktorischer Hinsicht. Dabei war sie vorgestern noch ein Baby. Babys riechen ja ganz wunderbar. Ich kann mich noch genau erinnern, wie Sophie als Baby gerochen hat. Es gibt keinen besseren Geruch auf dieser Welt. Schade, dass man das nicht in Flaschen abfüllen kann. Und auch Kinder haben ja kaum einen wirklichen Eigengeruch. Und wenn, dann nach Milch und Honig. Als Sophie so acht war, war es überhaupt kein Problem, nur einmal in der Woche die Haare zu waschen, sie wurden einfach nie fettig und rochen immer gut.

Aber die Pubertät lässt keine Schweißdrüse unberührt.

Ich hab ja jetzt nur eine Tochter, aber Sophie hat noch einen Halbbruder, der früher auch ab und an bei uns wohnte, also habe ich durchaus Erfahrungen mit dem männlichen Geschlecht in Zeiten seiner größten Umwandlung.

Im Zimmer von Sophies Halbbruder roch es monatelang, ach was, jahrelang wie in einem Raubtierkäfig. Es sah auch genauso aus – nachdem ein Löwe ein paar Antilopen gerissen hat und der Tierpfleger, der ein Weichei ist, sich nicht mehr in den Käfig traut. Überall lagen Reste rum. Von was auch immer. Ich würde mich nicht wundern, wenn ein paar tote Dinge darunter waren, die gerade im Begriff standen, wieder recht lebendig zu werden. Ich habe einmal gesehen, wie ein ziemlich undefinierbarer Rest eines Butterbrotes sich bewegt hat. Die Putzfrau ging alle paar Wochen mit Mundschutz rein. Ich bin ihr heute noch dankbar für ihren Mut. Polinnen kann so leicht nichts erschüttern.

Sophies Halbbruder wohnte ganz oben unter dem Dach, wurde dazu verpflichtet, die Tür IMMER hinter sich zu schließen, was Pubertierende erstaunlicherweise gerne tun, und ich mied das zweite Stockwerk für längere Zeit komplett. So kann man die Pubertät eines Jungen auch überleben. Keine schlechte Strategie, wage ich mal zu behaupten, ist aber nur für Stiefmütter empfehlenswert.

Und dann geschah es, ganz plötzlich, quasi über Nacht.

Eines Morgens kam er runter zum Frühstück. Und er ward kein Iltis mehr.

Es war wie im Märchen. Er war frisch geduscht und eingecremt. Haare noch nass, und offensichtlich hatte er auch mein Deo benutzt und etwas zu viel von dem Rasierwasser seines Vaters aufgetragen, auch wenn von einem Bart noch nichts in Sicht war.

Mir fiel das Marmeladenbrot in den Tee.

Die gute Fee hatte über Nacht meine Wünsche erhört.

Ein junger, gepflegter, gut aussehender Mann setzte sich an den Frühstückstisch – und der Iltis ward fortan nie mehr gesehen.

63

Diese Verwandlung findet bei den meisten jungen Männern irgendwann statt. Allerdings nicht bei allen. Manche Jungs treffen nie auf die gute Deo-Fee und müssen dann den Rest ihres Lebens ohne Frau verbringen, es sei denn, die Dame ihrer Wahl leidet an Anosmie, dem Verlust des Geruchssinns.

Ein Mensch hat ungefähr drei Millionen Schweißdrüsen. Das ist erschreckend, ich weiß. Und dann gibt es bei diesen Drüsen auch noch Unterschiede zwischen den ekkrinen Schweißdrüsen – das sind die, die man noch aushalten kann – und den apokrinen Schweißdrüsen – das sind die, die unter den Achseln und an anderen wesentlich intimeren Stellen sitzen und nicht nur im Sommer äußerst intensiv duften. Und diese apokrinen Schweißdrüsen werden erst in der Pubertät aktiv. Aber dann nehmen die Dinger so richtig Fahrt auf – die Biester haben schließlich jahrelang nur darauf gelauert, endlich loslegen zu können.

Männer und Frauen duften übrigens wirklich unterschiedlich. Das liegt unter anderem auch am Testosteron und ist wissenschaftlich bewiesen. Also Frauen duften, und Männer sollten unbedingt täglich duschen und ein Deo benutzen.

Neulich musste übrigens Sophies gesamte Klasse in Englisch ein Referat über Deos und Parfüms und so weiter halten.

Interessantes Unterrichtsthema. Vor allem jetzt im Sommer mit Tagen so um die dreißig Grad. Und es gibt kein Hitzefrei mehr an Sophies Schule. Echt fies.

Es gibt wahrscheinlich Lehrer, die sich gerade wünschen, selbst bei wesentlich niedrigerem Gehalt Grundschüler unterrichten zu dürfen. Ein Sportlehrer hat sich übrigens letztes Jahr spontan entschieden, endlich seinen Traumberuf Florist zu ergreifen, und die Schule fluchtartig verlassen, noch bevor der Thermometer über dreiundzwanzig Grad kletterte.

Elias hat natürlich ein Referat über Sophies Deo gehalten – wahrscheinlich ist er selbst noch nicht genug mit Deo für Männer vertraut, um sich darüber eine Seite lang auslassen zu können. Und dann auch noch auf Englisch! Das geht ja gar nicht!

Interessant dabei finde ich, dass gerade die Englischlehrerin dieses Thema angeregt hat. Sie ist deutlich jünger als Sophies Deutschlehrerin und riecht wahrscheinlich noch besser.

Ich schätze mal, es ist nicht so einfach, jeden Tag in einem olfaktorischen Wunderland zu unterrichten und sich dabei noch halbwegs auf die grammatikalisch richtige Anwendung des Gerundiums von »to smell« zu konzentrieren.

Die Mädels sind alle täglich frisch eingesprüht in »Marie – ein Hauch von Eau Fraîche«, »Sophie – umhüllt von Peachy Blossom«, »Carla – umweht von Bunter Sommerwiese« oder ganz verwegen Alexandra mit dem etwas schwereren »Kiss of a Dragon«.

Und die Jungs zwischendrin lecker duftend nach »Elias – drei Tage ohne Dusche«, »Frank – Haare erst vor zwei Wochen gewaschen« oder »Mischa – was ist überhaupt ein Deo, und wozu braucht man so einen Scheiß?«.

Die Lehrerin hatte wohl etwas die Nase voll. Kein Wunder. Ich beneide sie nicht. Echt nicht. Und das nicht nur aus olfaktorischen Gründen. Aber die gute Deo-Fee kommt, wie schon gesagt, irgendwann auch zu den meisten Jungs – ganz bestimmt, spätestens so nach dem Abitur. Aber davon hat man als Lehrerin dann ja nix mehr.

Der Fleck muss weg

Es gibt Dinge, die passieren einem als Frau wahrscheinlich nur, wenn man sich in nicht mehr ganz so jungen Jahren von dem Vater seiner Tochter getrennt hat und männermäßig noch mal fast ganz von vorne anfangen muss.

Unter diesen Erlebnissen gibt es jede Menge unschöne Erfahrungen. Die könnte man sich ruhig sparen, aber nützt ja nix.

Allerdings gibt es auch ein paar Sachen, die, wenn der erste Schmerz vorbei ist, durchaus wieder Spaß machen. Und die ich wahrscheinlich gar nicht erleben würde, wäre ich noch mit dem Vater meiner Tochter zusammen.

Ein Zeichen dieser erstaunlichen Erlebnisse befindet sich gerade an meinem Hals: ein Knutschfleck.

Tatsächlich ein Knutschfleck! Unfassbar! Wie peinlich! Wie großartig! Ich weiß auch nicht, wie das passieren konnte (ich weiß es natürlich ganz genau, aber das wird hier nicht verraten).

Und ich weiß echt nicht mehr, wann ich das letzte Mal einen Knutschfleck hatte. Ich schätze aber mal, ich war so zwischen vierzehn und zwanzig. Danach ist man eigentlich für Knutschflecke zu alt oder zu erhaben. Oder man ist mit anderen Dingen beschäftigt.

Aber jetzt das hier! Mit über fünfzig! Ein Knutschfleck an meinem Hals! In der Form von Afrika würde ich sagen.

Ich blicke fasziniert in den Spiegel und kann es einfach nicht fassen.

Ich bin ganz glücklich.

Das Ding beamt mich direkt zurück in meine Jugend. Schmetterlinge im Bauch und Knutschfleck am Hals! In meinem Alter! Wer hätte das gedacht? Was der neue Mann in meinem Leben so alles kann. Das Leben ist einfach großartig. Zumindest manchmal.

Im Spiegel blickt mich eine strahlende Fünfzehnjährige an. Die Welt schillert in allen Farben – wie der Knutschfleck spätestens übermorgen.

Und dann klopft es an der Badezimmertür, meine Tochter begehrt dringenden Einlass, sie muss in zwei Stunden in die Schule und muss sich vorher noch zurechtmachen, und ich lande mit einem Ruck unsanft wieder in meiner über fünfzigjährigen Realität.

Ein Knutschfleck!

Verdammt! Geht gar nicht! Ich habe heute am späten Vormittag ein wichtiges Meeting. Und ich habe eine Tochter, die sicher ganz genau weiß, was da an meinem Hals prangt.

Wie peinlich!

Was mach ich bloß?

Tock! Tock! Tock!

»Mama, mach jetzt endlich die Tür auf! Ich muss doch noch duschen und Haare waschen und mir die Beine rasieren und …«

Ich höre schon nicht mehr zu. Ich hätte doch unten die Abstellkammer in ein Duschbad verwandeln sollen. Das Leben mit einem weiblichen Teenager erfordert einfach mehr als eine Nasszelle im Haus. Ich weiß nicht, was Eltern mit mehr Töchtern und nur einem Bad machen. Ich schätze, da können die Erwachsenen die Nasszelle nur noch zwischen drei und vier Uhr nachts in Anspruch nehmen, oder sie kaufen sich eine Dauerkarte und duschen einmal in der Woche im öffentlichen Schwimmbad.

Leicht panisch blicke ich noch einmal in den Spiegel. Der Knutschfleck macht mich nicht mehr ganz so glücklich.

Meine Tochter muss das jetzt echt nicht sehen. Das ist mir doch zu peinlich. Ich greife zu meinem Make-up und tupfe so viel drauf, wie nur geht. Es sieht nicht wirklich gut aus. Eher so, als hätte ich über Nacht nicht nur neue Falten, sondern auch eine supertrockene Haut bekommen, die sich schuppen will. Das war wohl zu viel des Guten, aber wenigstens habe ich jetzt keinen sichtbaren Knutschfleck mehr am Hals.

Ich öffne die Tür, bevor meine Tochter sie eintritt. Ich traue meinen Augen nicht, als mein Blick an Sophies Hals hängen bleibt. Den zieren nämlich mehrere dunkle Flecken – und das sind mit Sicherheit keine Mückenstiche. Ich starre sie an, aber sie geht locker an mir vorbei ins Bad und schließt die Tür hinter sich ab.

Später beim Frühstück bin ich völlig fasziniert von dem Fleckenmuster, das sich auf dem schönen Hals meiner Tochter ausbreitet. Das muss ja gestern heiß hergegangen sein.

Ich selbst habe mich an den alten Trick von früher erinnert und mir einen Schal umgebunden. Rollkragen geht nicht – es ist Sommer und sicher über fünfundzwanzig Grad, und ein Rollkragen treibt mich selbst bei Minustemperaturen im Winter in den Wahnsinn.

Sophie schlabbert ihr Müsli, und als sie damit fertig ist, packt sie ihre Siebensachen, gibt mir einen sehr flüchtigen Kuss und will aus dem Haus zur U-Bahn.

Ich halte sie am Arm fest.

»Du willst doch so nicht in die Schule?«

Sophie blickt an sich herab. Alles wie immer. Jeans, ein knallenges, tief ausgeschnittenes Top von Brandy und irgendwelche neuen Sneakers an den Füßen, deren Namen ich ständig falsch ausspreche.

»Wieso? Was ist los? Ist doch alles wie immer.« Sophie schaut mich völlig unschuldig an.

»Und was ist das da?«

Ich deute auf Sophies Hals, der auch noch von dem kleinen vergoldeten Kettchen gekrönt ist, das ich ihr mal geschenkt habe – quasi ein Hinweispfeil direkt auf ungefähr sechs sehr eindeutige Flecken.

»Ach das? Das war Levi. Hat aber nix zu bedeuten. Nicht das, was du denkst. Hat er nur so aus Spaß gemacht. Sieht doch super aus. Ich will die Nadja ärgern. Die tut immer so, als wäre sie ganz weit vorne … ist sie aber nicht. Ich freu mich schon auf ihr Gesicht, wenn sie das sieht. Und jetzt muss ich echt los, sonst muss ich Vorsitzen … tschühühühß …«

Und noch bevor ich was sagen kann, ist meine Tochter verschwunden und hinterlässt nur eine Duftwolke.

Und eine verblüffte Mutter.

So haben sich die Zeiten geändert.

Meine Tochter lässt sich extra Knutschflecke machen und trägt sie dann wie eine Trophäe.

Als ich so jung war wie sie, trugen wir Mädels bei Knutschfleckalarm meistens Nickitücher um den Hals. Erstens war das damals modern, und zweitens hätte sich keine von uns getraut, vor einem Lehrer mit Knutschfleck zu erscheinen. Und drittens wussten sowieso alle, wieso man gerade so ein Nickituch um den Hals gewickelt hatte und was man darunter verbergen wollte.

Es hat fünfundzwanzig Grad.

Die Zeiten haben sich geändert.

Nickitücher sind out.

Ich muss auch nicht in die Schule.

Ich entschließe mich, einfach ganz locker zu sein und dazu zu stehen.

Alles easy, auch über Fünfzigjährige können Knutschflecken haben.

Das ist überhaupt nicht peinlich.

Das ist völlig normal.

Ach was! Das ist nicht normal, das ist einfach großartig!

Sollen doch alle sehen, dass ich ein tolles Leben habe!

Genau!

Ich ziehe ein ausgeschnittenes Top an, wische mir das Make-up vom Knutschfleck, sodass er deutlich sichtbar ist, und gehe locker und beschwingt aus dem Haus.

Als ich abends dann mit Sophie vorm Fernseher sitze, bin ich deutlich weniger beschwingt. Ich bin geradezu deprimiert, um genau zu sein.

Nach dem Meeting am Vormittag fragte mich eine ungefähr gleich alte Kollegin, ob ich diesen komischen Fleck am Hals nicht mal von einem Hautarzt untersuchen lassen möchte. Er könnte sich als bösartig herausstellen, und in unserem Alter könne man ja nicht vorsichtig genug sein.

Ich habe nichts dazu gesagt. Nur zustimmend genickt. Im Yogastudio wurde ich allerdings später erneut auf den Fleck angesprochen: Woher ich denn dieses Hämatom am Hals hätte? Doch hoffentlich nicht von einer Yogaübung? Dann sollte ich nämlich in Zukunft etwas achtsamer mit meinem Körper umgehen.

Und Sophie hat noch nicht mal bemerkt, dass ich überhaupt einen Fleck am Hals habe.

Dafür hat wohl Nadja in der Schule sich über ihre Verzierungen wahnsinnig aufgeregt und muss Sophie ziemlich angebitcht haben. Sophie strahlt jedenfalls über beide Ohren und über alle Knutschflecken hinweg zufrieden in den Fernseher. Mission accomplished.

Nur mein Knutschfleck erfüllt seinen Zweck nicht.

Dabei habe ich mich extra so neben Sophie auf das Sofa gesetzt, dass sie ihn sehen kann und die Haare habe ich auch noch hochgezwirbelt. Aber nichts, Sophie schaut mich an wie immer.

So als hätte ich gar keinen Knutschfleck.

Langsam, aber sicher bin ich echt beleidigt.

Wahrscheinlich rechnet niemand mehr – einschließlich meiner Tochter – damit, dass man als Frau über fünfzig noch einen Knutschfleck am Hals hat.

Schade.

Aber eins ist trotzdem sicher: In nächster Zeit lass ich mir von dem neuen Mann an meiner Seite noch ganz, ganz viele Knutschflecken machen. In jeder Form und Größe.

Und ich werde sie wie Trophäen tragen. Ganz ohne Nickituch, Schal, Rollkragenpullover oder Make-up.

Ganz anders als mit fünfzehn!

Mein Leben ist einfach großartig. Auch wenn ich anscheinend die Einzige bin, die das bemerkt.

Relative Relativitätstheorie

Die Relativitätstheorie hat ja ein Mann entdeckt, den wir alle von ein paar Postern oder Postkarten kennen. Es ist der Typ mit dem wirren Haar und der herausgestreckten Zunge. Der Mann heißt Albert Einstein, und er war zweifelsohne ein Genie, was man ja schon an den Haaren erkennen kann.

Das weiß jetzt wohl fast jeder. Auch wenn die meisten seine Relativitätstheorie bestimmt nicht so wirklich erklären können. Ich gehöre auch zu dieser Gruppe, aber ich will es trotzdem mal versuchen. Man muss nämlich zumindest die allgemeine Relativitätstheorie von Einstein halbwegs verstehen, um die von mir weiterentwickelte relative Relativitätstheorie nachvollziehen zu können.

Die Relativitätstheorie von Einstein hat etwas mit der Lichtgeschwindigkeit zu tun, die genau 299.792 Kilometer in der Sekunde beträgt. Und diese Geschwindigkeit des Lichts ist unabänderlich – wenn man sich der Lichtgeschwindigkeit annähert, verformen sich Raum und Zeit. Da kann man nix dran machen. Das Licht ist immer gleich schnell. Damit unterscheidet es sich eindeutig von mir, ich bin morgens nämlich weitaus langsamer als am Abend. Weshalb ich mich Raum und Zeit auch eher anpassen muss als umgekehrt.

Also in jedem Fall ist das so, dass wenn man ganz schnell fliegt, die Zeit langsamer läuft. Das heißt also, wenn ich mit einer Rakete zum Mars sause und dann wieder zurückkomme, bin ich jünger als die Leute, die auf der Erde geblieben sind.

Das ist ein unglaubliches Phänomen und für Frauen doch viel besser als Botox. Dass da noch niemand draufgekommen ist? Ein kurzer Flug mit großer Geschwindigkeit zum Mars – und schon sehe ich deutlich jünger aus. Ganz neue Anti-Aging-Perspektiven tun sich da auf.

Aber darum geht es hier ja nicht. Hier geht es um Albert Einstein, und der hat sehr verkürzt gesagt, dass Zeit irgendwie relativ ist.

Nun, darauf ist Sophie mittlerweile auch gekommen, was sehr erstaunlich ist, da Physik nicht gerade ihre Stärke ist und sie auch keine Ahnung hat, wer der irre Typ auf den Postern ist. Und die Relativitätstheorie wird sicher erst in den höheren Klassen unterrichtet.

Aber trotzdem: Sophie und die anderen Mädels haben vor Kurzem festgestellt, dass alle Jungs in ihrer Klasse so ungefähr zwei Jahre jünger sind als die Mädchen. In einzelnen Fällen sogar noch jünger.

Eine sehr erstaunliche Beobachtung.

Geradezu verblüffend.

Und durchaus nicht einfach nur subjektives Empfinden.

Sophie und ihre Freundinnen haben da – zum Teil unfreiwillig – ein paar Experimente durchgeführt und sind jedes Mal zum gleichen Ergebnis gekommen: Die Jungs sind eindeutig jünger.

Beweis eins:

Die Jungs machen immer noch – gerne auch mal mitten im Unterricht einer zehnten Klasse – »Peng, peng, puff« mit imaginären

Pistolen, erschießen sich gegenseitig und fallen schwer getroffen dramatisch von Stühlen.

Beweis zwei:

Die Jungs ziehen den Mädchen wie anno dazumal im Kindergarten die Mützen vom Kopf und werfen sie durch den ganzen Pausenhof. Dabei sind die alle schon mindestens fünfzehn und manche von ihnen gebaut wie Türsteher und zwei Kopf größer als ihre Mütter und Väter.

Beweis drei:

Ihre Vorstellung von Sex ist einfach nur pornös und hat mit der Realität daher nichts gemein (O-Ton Sophie). Das ist so, als ob die Jungs immer noch an den Weihnachtsmann beziehungsweise an die Weihnachtsfrau glauben würden. Aber natürlich in Strapsen und allzeit willig und bereit.

Die Beweisführung lässt sich laut Sophie und ihren Freundinnen endlos erweitern.

Schon erstaunlich, das alles.

Auch und gerade, wenn man die allgemeine und spezielle Relativitätstheorie von Einstein kennt.

Ich meine, es ist ja jetzt nicht so, als ob die Jungs in Sophies Klasse sich ständig nahe der Lichtgeschwindigkeit bewegen würden und schnell mal zum Pluto und zurückfliegen – ganz im Gegenteil.

Wer in Sophies Klasse morgens regelmäßig zu spät kommt, trägt in 92,3 Prozent der Fälle eine Kombination aus den Chromosomen x und y. Auch das wurde von den Mädchen wissenschaftlich bewiesen.

Wenn man sich das also anschaut, kann man nur sagen, dass dieses Phänomen die Physik vor völlig neue Rätsel stellt.

Neulich hat sich Sophie darüber mit dem neuen Mann an meiner Seite ausgetauscht. Und der hat ihr diese Beobachtung vollkommen bestätigt.

Jungs sind hinterher. Und das nicht nur in Mathe.

Wenn das sogar ein Mann zugibt, muss es ja stimmen.

Diese ganzen Beobachtungen decken sich im Übrigen auch mit meiner jahrelangen Wahrnehmung, daher habe ich mittlerweile daraus die relative Relativitätstheorie entwickelt, und die geht so:

Für Jungs vergeht die Zeit eindeutig viel langsamer. Auch wenn sie mit uns hier über die Erde wandeln und nicht in einem Raumschiff sitzen.

Obwohl das jetzt den Gesetzen der Physik widerspricht.

Aber was soll's, das Fach war eh nie meine Stärke.

In jedem Fall läuft für das männliche Geschlecht die Zeit offensichtlich langsamer ab.

Und das zieht sich durch ihr ganzes Leben.

Sind es kurz nach der Geburt eines Jungen vielleicht nur ein paar Sekunden, summiert sich das im Alter von Sophie schon auf zwei ganze Jahre.

Das bezieht sich aber erstaunlicherweise ausschließlich auf die Geistesverfassung von Jungs. Körperlich sind die alle eher etwas weiter als die Mädels. Manche aus Sophies Klasse könnte man durchaus schon für zwanzig halten.

Das beruhigt mich etwas. Es wäre doch wirklich ungerecht, wenn gleichaltrige Männer auch noch jünger aussehen würden als wir Frauen.

Mit meiner relativen Relativitätstheorie lassen sich auch noch ein paar erstaunliche Phänomene, die uns Frauen bisher vor große Rätsel gestellt haben, ganz einfach erklären:

Denn ausgewachsene Männer sind dann mit vierzig oder fünfzig im Grunde genommen so wie wir Frauen mit Mitte zwanzig oder Mitte dreißig.

Das macht zum einen deutlich, warum Männer auch mit vierzig noch denken, das Singledasein sei etwas ganz Wunderbares, von Bar zu Bar und von Bett zu Bett hüpfen wie auf einem Trampolin und die Familiengründung auf Anfang sechzig verschieben. Kein Wunder, die sind nämlich in Wahrheit erst Mitte zwanzig. In dem Alter wollte ich ja auch noch nicht unbedingt ein Kind.

Zum anderen erklärt meine Theorie auch ganz wunderbar die Midlife-Crisis von Männern. Dann ist der grellgrüne Porsche nämlich auch gar keine Krise, sondern ganz normales Verhalten für einen gerade mal Fünfundzwanzigjährigen mit eindeutig zu viel Geld.

Und noch was anderes erklärt meine relative Relativitätstheorie ganz hervorragend:

Männer haben ja des Öfteren eine gewisse Tendenz zu jüngeren Frauen. Und je älter die Männer sind, desto jünger werden die Frauen, die sie begehren. Aber wenn jetzt ein Fünfzigjähriger eigentlich gerade mal um die dreißig ist, dann passt natürlich eine fünfundzwanzigjährige Frau viel besser zu ihm als eine gleichaltrige.

Die alten Säcke stehen also nur deshalb auf junge Hasen, weil sie selbst welche sind – zumindest mental. Deshalb fällt ihnen der gravierende Altersunterschied auch gar nicht auf.

Also, ich finde, an meiner relativen Relativitätstheorie ist was dran. Über einen Nobelpreis dafür würde ich mich in jedem Fall sehr freuen. Es muss auch nicht in Physik sein, dieses Fach war, wie schon erwähnt, noch nie meine Stärke.

Der Mann ist eine Baustelle

Sophie hat einen neuen Jungen am Start: Max.

Max gibt es noch nicht so lange in Sophies Leben. So ein paar Tage und ein paar Stunden. Das reicht in diesem Alter, um bereits als ernsthafte Beziehung zu gelten, auch wenn sonst noch nichts Ernsthaftes zwischen den beiden passiert ist.

Hoffe ich mal.

Bei einem gemeinsamen Ausflug an den See merke ich, dass Sophies Stimmung nicht die beste ist. Natürlich ist Max bei dem Ausflug nicht mit von der Partie. Nur Sophie. Und der Hund natürlich – alles andere würde Sophie als äußerst pervers empfinden. Schon so ein Ausflug mit der Mutter ist pervers genug – den macht Sophie auch nur, weil sie den Hund liebt und der mal raus muss! Ihre Mutter muss auch manchmal raus – aber bitte nicht mit Sophie!

Also: Sophie hat schlechte Laune. Das kommt bei Teenagern dauernd vor, und wenn man als Mutter klug ist, ignoriert man es einfach wie schlechtes Wetter und wartet, bis die Sonne wieder scheint. Leider bin ich als Mutter nicht besonders klug und wage zu fragen: »Was ist denn los, meine Liebe? Du schaust so frustriert?«

Normalerweise ernte ich auf so eine Frage ein genervtes Augen-
rollen, einen noch genervteren Blick oder ein supergenervtes »Lass
mich, Mama!«

Aber diesmal ist es erstaunlicherweise anders. Die Sonne strahlt
und glitzert auf dem See, und der fröhliche Anblick scheint die
Zunge von Sophie zu lösen.

Es stellt sich raus: Max sieht gut aus, in dieser Richtung alles
okay, allerdings macht Max ansonsten nicht ganz das, was Sophie
sich vorstellt, was ein junger Mann in einer Beziehung so machen sollte. Und da hat Sophie schon ziemlich konkrete Vorstellungen.

Die Max offensichtlich nicht so ganz erfüllt.

Zum Beispiel surft Max leidenschaftlich gerne. Und das nicht
nur im Internet. Ja. Man kann in München surfen. Im Eisbach.
Während jeder Jahreszeit. Neben dem »Haus der Kunst«. Ist sogar
eine Touristenattraktion. Sieht echt schick aus, und ist wohl nicht
ganz ungefährlich. Völlig irre, meiner Meinung nach, aber nach
meiner Meinung fragt ja niemand. Surfen im Eisbach ist in jedem
Fall Maxens Leidenschaft.

Darunter leidet allerdings die Leidenschaft von Sophie. Denn
Max hat surfbedingt kaum Zeit für sie. Sobald der erste Sonnen-
strahl rauskommt, aber auch wenn es regnet oder sogar schneit,
packt Max sich in seinen Neoprenanzug und sein Surfbrett ein
und geht an die Welle.

Sophie kann gerne oben von der Brücke oder vom Ufer aus zu-
schauen.

Das war die ersten paarmal wohl auch ziemlich klasse für sie –
Groupie mit Backstage-Pass sozusagen. Aber mittlerweile findet
Sophie das nur noch blöd. Sie ist kein Surfergirl. Nicht in diesem Sinne. Vor allem ist sie kein Mädchen, das gerne danebe-
steht und Fan ist. Das finde ich ja grundsätzlich gut. Sie wird

wahrscheinlich nie »die Frau von XY« werden, sondern macht lieber ihr eigenes Ding. Gut so.

Nur: Wenn sie ihr Ding macht und Max macht sein Ding, führt es laut Sophie dazu, dass sie kein gemeinsames Ding mehr machen.

Aber Sophie ist siegesgewiss. Sie wird Max das mit dem Surfen schon noch abgewöhnen. Und das mit dem laut Rülpsen, wenn er mit seinen Kumpels abhängt. Und das mit dem Gucken von blöden Actionfilmen oder *World of Warcraft* spielen.

Sophie klagt mir ihr Leid rund um den See. Der See hat, glaube ich, schon viele Klagen gehört von Frauen, die ihre Männer gerne anders hätten, als sie sind.

Männer sind eben eine Baustelle für Frauen.

Vielleicht sind Jungs im Alter von fünf, sechs Jahren deshalb so von Baustellen, Baggern und Ähnlichem fasziniert, weil ihnen schwant, was ihnen in späterem Leben mit einer Frau so blüht: permanenter Umbau, Ausbau, Renovierung, Sanierung, Grundrissveränderung, Auf- und Abbau, Abriss etc. pp. Da eine Schraube drehen, dort ein wenig hämmern, da etwas baggern – und alles in jedem Fall komplett neu streichen.

Frauen haben einen angeborenen Optimierungswahn. Das sage ich, weil er bei mir wirklich ausgeprägt ist und ich mich sehr gut damit auskenne. Frauen versuchen immer und ständig, alles besser zu machen. Sich selbst eingeschlossen.

Und der Mann an ihrer Seite ist dabei auch ein sehr beliebtes Objekt.

Wenn auch meiner Meinung nach kein dankbares.

Ich habe durchaus schon versucht, Männer umzubauen. Und wenn ich zurückblicke, kann ich nur sagen, ich war damit nicht wirklich erfolgreich.

Männer kann man nicht umbauen.

Man muss sie so nehmen, wie sie nun mal sind. Man muss mit ihren Macken leben und sie lieben lernen. Wenn man am Anfang schon merkt, dass einen alles Mögliche stört, sollte man lieber ganz die Finger von dem Mann lassen. Er wird sich nicht wirklich ändern. Und wenn man zu viel renoviert, stürzt eventuell das Haus zusammen oder eine Wasserleitung platzt, und die ganze Beziehung wird geflutet.

In jedem Fall ist es bei mir noch nie gut ausgegangen, wenn ich versucht habe, einen Mann zu verändern.

Erstens ist es mir noch nie wirklich gelungen. Und zweitens mögen es Männer nicht so wirklich, wenn man dauernd versucht sie umzumodeln, und deshalb sage ich zu Sophie: »Wie wäre es, wenn du dir einfach einen Jungen suchst, der mehr so ist, wie du ihn gerne hättest, anstelle zu versuchen, Max zu einem Jungen zu machen, der er einfach nicht ist?«

Sophie blickt mich an, als wäre ich eine verrückte Mutter, die mal wieder einen ihrer unerwünschten und völlig idiotischen Ratschläge loswerden muss. »Aber Max ist in mich verliebt, und wenn er in mich verliebt ist, dann wird er mir zuliebe das mit dem Surfen sein lassen. Und *World of Warcraft* ist furchtbar. Ständiges Gemetzel, völlig bescheuert. Das muss er doch selbst merken. Ich habe mit ihm geredet. Er hat es verstanden, wir haben letzten Freitag auch schon *New Girl* zusammen geschaut, er fand es gut.«

Er muss wirklich verliebt in Sophie sein, wenn er *New Girl* mit ihr schaut. Aber egal, wie verliebt er ist, irgendwann will er wieder *World of Warcraft* spielen, dabei auf dem Surfbrett stehen und laut rülpsen. Und dagegen ist im Grunde ja auch nichts einzuwenden.

»Also du siehst, Mama, er ist bereit, sich zu ändern – mir zuliebe. Er will auch nicht mehr ständig am Eisbach abhängen, hat er mir versprochen.«

»Sophie, das ist nett, dass er das gemacht hat. Aber ich kann dir sagen, das wird nicht lange anhalten. Man kann Menschen nicht ändern. Menschen können sich nur selbst ändern – wenn überhaupt – und auch nur, wenn sie es wirklich wollen. Und das ist schon schwierig genug, glaub mir.«

Sophie blickt mich missbilligend und finster an.

Ihrer Meinung nach habe ich von nichts eine Ahnung.

Ich kann ja noch nicht mal mein iPhone richtig bedienen.

Sie hat vollkommen recht.

Sie tippt wesentlich schneller als ich, und Snapchat erschließt sich mir nicht wirklich.

Wir streiten uns. Sophie beharrt auf ihrem Standpunkt und ich auf meinem. Wir können uns nicht einigen. Sophie will Max umbauen. Ich halte das für keine gute Idee.

Schließlich will man ja auch als Frau nicht wie eine Baustelle behandelt werden, oder?

Abends sind wir dann bei dem neuen Mann an meiner Seite zum Essen eingeladen. Echt nett von ihm. Und er kann wirklich kochen.

Als wir am Tisch sitzen, greife ich automatisch zum Salzstreuer, noch bevor ich den ersten Bissen genommen habe. Ich mache das immer so – ich liebe Salz. Ich salze immer schon, noch bevor ich überhaupt probiert habe. Ich habe irgendwo mal gelesen, dass das tiefenpsychologisch bedeutet, dass ich die Kontrolle haben will und nicht gut loslassen kann. Da könnte vielleicht eventuell gegebenenfalls etwas dran sein.

Aber diesmal landet die Hand des neuen Mannes sanft auf meiner und hält den Salzstreuer fest.

Er blickt mich an.

»Willst du nicht erst mal probieren? Ich bin sicher, das Essen ist ausreichend gesalzen.«

Verwirrt blicke ich auf meine Hand. Auf seine Hand. Auf den Salzstreuer.

Wir sind ganz am Anfang von so etwas wie einer Beziehung, falls das überhaupt schon eine Beziehung ist. Und er hat es ja auch sehr nett formuliert.

»Mich stört das, vielleicht könntest du das in Zukunft anders machen. Oder zumindest das Essen erst mal probieren, bevor du nachsalzt, wenn ich koche. Mir zuliebe.«

Ich blicke den neuen Mann an meiner Seite an.

Vielleicht hat er nicht ganz unrecht. Und vielleicht kann ich diese kleine Angewohnheit ändern. Bricht mir doch kein Zacken aus der Krone, oder?

»Ähh … ja, klar … kann ich …. kein Problem, wenn dich das so stört, mach ich das gerne.«

Ich stelle den Salzstreuer wieder auf den Tisch.

Sophie mir gegenüber fängt über beide Ohren an zu grinsen.

Ach, das Leben ist eine einzige Baustelle.

Und Liebe versetzt Berge und Salzstreuer.

Die rosarote Brille

Männer und Frauen nehmen die Welt ja unterschiedlich wahr. Das kann man sogar wortwörtlich nehmen.

Neulich las ich einen Artikel darüber, dass Männer und Frauen die Welt unterschiedlich sehen. Also rein biologisch betrachtet, mit den Augen. Irgendwelche Forscher in Amerika haben das getestet. Der Test war ziemlich kompliziert, und herausgekommen ist Folgendes: Männer sehen tatsächlich die Welt etwas bläulicher als Frauen. Wohingegen Frauen die Welt in wärmeren Tönen wahrnehmen.

Es ist nicht so ganz klar, woher das kommt, es könnte allerdings am Testosteron liegen. Das Hormon fördert wohl beim Ungeborenen die Bildung von Gehirnzellen im Sehzentrum. Die Forscher verneinen, dass es etwas damit zu tun hat, dass Jungs in frühen Jahren gerne mal Blau tragen und die Mädchen öfter mal in Rosa gekleidet werden.

Also Frauen haben laut dieser Untersuchung sozusagen immer eine rosarote Brille auf, und die Jungs tendieren leicht zu blau.

Ist ja klar. Mädels mögen einfach rosa. Als Sophie so zwischen drei und sechs Jahren alt war, war der Inhalt ihres Kleiderschranks ein einziger Rausch in Rosa. Rosa Tutu, rosa Jäckchen, rosa Hosen, und sogar die Unterwäsche musste rosa sein. Und wehe, ich

85

versuchte, da mal eine andere Farbe reinzubekommen. Es ist unglaublich, wie laut und ausdauernd Dreijährige schon brüllen können. Und welch genaue Vorstellungen sie von ihrem Style haben. Da kann Anna Wintour einpacken. Wenn man keine Kinder hat, kann man sich das wahrscheinlich gar nicht so richtig vorstellen. Jetzt würde Sophie die Farbe Rosa wohl nur noch unter Androhung schwerster Folter tragen.

Wobei Sophie immer noch gut brüllen kann und klare Style-Vorstellungen besitzt. Aber vielleicht hat das viele Rosa in jungen Jahren dann doch auf ihre Sehnerven abgefärbt. Wäre ja nicht so schlimm, wenn sie die Welt etwas wärmer und rosiger wahrnehmen würde, als sie in Wirklichkeit ist.

Komisch ist dabei allerdings, dass wohl auch Männer die Welt anscheinend rosiger sehen können.

Vor Kurzem war ich mit einer meiner besten Freundinnen Kaffee trinken. Sie erzählte mir von ihren Eltern, die schon sehr lange geschieden sind. Da war sie zwölf, und jetzt ist sie selbst etwas jünger als ich. Also ist das mit der Scheidung ihrer Eltern durchaus schon eine ganze Zeit lang her.

Ihr Vater ist mittlerweile auch schon lange mit einer neuen Frau verheiratet. Trotzdem ist natürlich die alte Familie, also die frühere Mutter-Vater-Kinder-Konstellation und auch die Scheidung öfter mal Thema. Ist anscheinend immer so, und wohl besonders, wenn die Eltern älter werden und auf ihr Leben zurückblicken. Da erscheint doch vieles in einem anderen Licht.

Und irgendwann sagte ihr Vater dann mal zu meiner Freundin, also seiner Tochter, als es gerade mal wieder um das Thema der damaligen Scheidung ging: »Aber immerhin hatten deine Mutter und ich achtundzwanzig Jahre lang eine gute Ehe.«

Das fand meine Freundin irgendwie tröstlich. Und schön. Achtundzwanzig glückliche Ehejahre. Das ist eine lange gute Zeit. Auch schon lange erwachsene Scheidungskinder sind eben Scheidungskinder und haben eine verletzte Seele.

Als meine Freundin das dann ein paar Tage später ihrer Mutter bei Kaffee und Kuchen erzählte, antwortete diese nur: »Es waren drei Jahre. Genau drei Jahre glückliche Ehe.«

Tja. So viel zum Thema rosarote Weltsicht und Männer.

Ware Liebe

Der neue Mann an meiner Seite schleppte mich neulich zu einer Geburtstagsparty eines entfernten Bekannten von ihm. Ich lass mich nicht so gerne zu so etwas hinschleppen, in meinem Alter sind Geburtstagspartys ja oft etwas peinlich. Ständig muss man dem Gastgeber oder der Gastgeberin versichern, dass sie wesentlich jünger aussieht, als sie gerade vorgibt zu werden, und dass das alles nur Zahlen sind und fünfzig sowieso das neue Dreißig ist.

Ich ging trotzdem mit.

Der neue Mann an meiner Seite grüßte hier und da, kannte ja im Gegensatz zu mir ein paar Leute, und irgendwann standen wir in einer kleinen Gruppe und wurden gegenseitig vorgestellt.

Gerd stellte mir Achim vor. Achim stellte mir Friedrich vor. Friedrich stellte mit Martin vor, und Martin stellte mir Siegfried vor und dessen thailändische Frau Siriphorn, die sehr hübsch, sehr zierlich und sehr jung neben Siegfried stand.

Das war der Moment, an dem der neue Mann an meiner Seite dringend mal verschwinden musste. Er flüsterte mir ins Ohr, dass er sonst sein Lachen nicht mehr halten könnte.

Ab einem gewissen Alter leiden Männer unter Lachinkontinenz. Siriphorn.

Ich war sehr froh, dass mein iPhone auf lautlos war, und Siri deshalb nur in meiner Tasche wahrscheinlich gerade leise ausflippte.

Ich schätze mal, Siegfried besitzt notgedrungen ein Samsung.

Das Mädchen tat mir leid. Solch ein Name ist in Thailand bestimmt toll und heißt dort wahrscheinlich so was wie »wunderschöne blassblaue Orchidee« oder so ähnlich.

Wie gut, dass Siriphorn kein Wort Deutsch sprach. Siegfried und sie unterhielten sich in einem etwas schwer verständlichen Englisch. Und damit Siriphorn sich nicht ausgeschlossen fühlte, sprach die ganze Gruppe, die um die beiden herumstand, auch Englisch. Oder versuchte es zumindest.

»It was love at first sight. Really.« Siegfried drückte Siriphorns Po, wodurch deutlich wurde, wohin sein »first sight« gewandert war. Siriphorn reagierte mit einem leichten Kichern.

»She was seventeen when we met. Very young, very difficult.« Siegfried strahlte in die Runde.

Siriphorn kicherte wieder und sagte: »Too young to marry.«

Ich nickte verständnisvoll. Sie wusste offensichtlich sehr genau, was sie wollte: die Ware Liebe eben.

In diesem Augenblick warf Friedrich kenntnisreich in Deutsch ein: »Also, ich will ja nicht sexistisch klingen, aber wir Männer sind einfach von der Biologie her darauf programmiert, auf jüngere Frauen zu stehen. Wegen der Fruchtbarkeit und so.«

Siegfried lächelte glücklich, nickte leicht und drückte wieder den Po seiner ein Viertel so alten Frau.

Ich blickte Friedrich an. Schütteres Haar, näher an sechzig als an fünfzig, und sein Hemd schrie die ganze Zeit nach einem Bügeleisen oder der Altkleidersammlung.

Gott, war ich froh, dass ich offensichtlich nicht mehr in sein Beuteschema passte.

»Also, ich war ja vor Kurzem mit einer Frau über fünfzig zusammen, aber das passte einfach nicht wirklich. Die Biologie. Ihr versteht?«

Friedrich blickte erneut triumphierend in die Runde. Die außer Siriphorn und mir nur aus Männern bestand. Sein Gesichtsausdruck sagte ganz klar: Gegen die Biologie ist man einfach machtlos. Die Gesichtsausdrücke der umstehenden Männer waren eher ratlos.

Ich verstand vor allem nicht, wie überhaupt eine Frau, in welchem Alter auch immer, sich Friedrich in irgendeiner Form zuwenden konnte. Vielleicht war sie ja blind. Und taub. Und blöd. Vielleicht war es ja auch gar keine Frau.

Ich nahm einen tiefen Schluck Wein und überlegte mir, wie ich Friedrich zurechtstutzen könnte.

Leider muss ich mir gute Antworten immer sehr, sehr lange überlegen. Deshalb bin ich in Gesprächen häufig etwas zeitverzögert. Manchmal fällt mir erst Jahre und viele durchgrübelte Nächte später die passende Antwort ein. Das ist leider etwas unpraktisch, ich kann ja dann schlecht einen Gesprächspartner, den ich zehn Jahre zuvor auf der Party von Mareike kennengelernt habe, anrufen und in den Hörer schreien: »Ich bin nicht schwierig. Ich habe nur eine Persönlichkeit mit *special effects.*« Und noch nicht mal das ist mir wirklich eingefallen, den Spruch habe ich auf einer Postkarte gelesen.

Ich überlegte und überlegte und überlegte und nahm mir fest vor, Friedrich auf jeden Fall anzurufen, sobald mir die richtige Antwort einfallen würde. Und wenn es auch erst in fünf Jahren sein sollte. So eine Bemerkung sollte keinesfalls ungerächt bleiben.

In diesem Moment wandte sich Siriphorn huldvoll lächelnd Friedrich zu.

»Ja. Ist Biologie. Alte Mann, junge Frau. Junge Frau, alte Mann. Aber nur sehr reiche alte Mann. Siegfried hat Fabrik in Bangkok. Sehr große Fabrik. Und du? Du haste kein Geld, schlechte Geschmack und schlechte Maniere. Und ich will neue Drink. Jetzt.« Sagte Siriphon, schnappte sich die Hand von Siegfried und ging hüftschwingend davon. Siegfried folgte ihr wie ein Hündchen.

Friedrich fiel die Kinnlade runter, was ihn nicht unbedingt attraktiver machte.

Ich habe spontan applaudiert. Richtig in die Hände geklatscht. Ist einfach so passiert. Manchmal kann ich doch ganz spontan antworten, völlig ohne Zeitverzögerung.

Friedrich ging wortlos von dannen. Ich habe ihn den ganzen Abend nicht mehr gesehen.

Der neue Mann an meiner Seite tauchte kurz darauf auch wieder auf – mit entspannten Lachmuskeln. Die Party war so weit dann noch ganz nett und auf der Rückfahrt fragte ich den neuen Mann an meiner Seite vorsichtig: »Stehst du genetisch bedingt eigentlich auf wesentlich jüngere Frauen?«

»Ich weiß nicht, ich bin mit dir zusammen, du bist so alt wie ich. Vielleicht habe ich einen Gendefekt. Ich hatte noch nie deutlich jüngere Frauen.«

Er grinste und gab mir einen Kuss.

Also, ich weiß nicht, ob das in den Genen ist, dass Männer auf jüngere Frauen stehen und jüngere Frauen auf reiche und erfolgreiche Männer. Aber die Intelligenz – egal ob bei Männern oder bei Frauen, das zeigen auch jüngere Studien –, die steckt wohl hauptsächlich in den Genen. Und Siphorn ist eine sehr intelligente Frau mit einem sehr seltsamen Namen.

Eine richtige Beziehung

Neulich kam Sophie von der Schule nach Hause und verschwand ausnahmsweise nicht sofort in ihrem Zimmer. Normalerweise kommt sie rein, wirft ihren Rucksack hin, die Schuhe fliegen von den Füßen, und dann verschwindet Sophie wortlos nach oben, und ich habe das Nachsehen. Sie lässt sich dann nur durch die Aussicht auf Futter wieder zu mir locken.

Aber ich kann ja dann den Rucksack freudig begrüßen: »Hallo, alter Sack! Wie war dein Tag? Und wie war's denn so mit Sophie in der Schule?«

Das sind Fragen, die man als Mutter oder Vater einem Teenager nur unter Lebensgefahr stellen kann. Der Rucksack aber ist davon nie zu Tode beleidigt, ganz im Gegenteil, er freut sich über so viel Aufmerksamkeit und erzählt mir sogar ab und zu was von der echt langweiligen Mathestunde, die nur überlebbar war, weil Linus Sophie permanent mit Zetteln bombardiert hat. Überhaupt Linus! Ach! Aber mehr will auch der Rucksack dann zu diesem Thema nicht preisgeben. Er hat Angst, dann von Sophie durch die gefakte Stella-McCartney-Tasche ersetzt zu werden.

Diesmal allerdings war alles anders. Sophie ging an den Kühlschrank. Machte ihn auf. Machte ihn wieder zu. Machte ihn

93

wieder auf. Dann wieder zu. Dann holte sie sich ein Glas und füllte es mit Leitungswasser.

Ein etwas komisches Verhalten für einen Teenager, nicht das mit dem Leitungswasser, aber dieses sich in der Küche herumdrücken, während ich mich in der Küche rumdrücke. Ich hab natürlich einen Grund, mich in der Küche rumzudrücken – ich koche das Mittagessen. Und während ich Gemüse schnippelte, wartete ich einfach ab. Ich hab ja schon etwas Erfahrung als Mutter und weiß, dass Teenager scheuer als Rehe sind und eine falsche Bewegung oder Bemerkung sie auf lange Sicht verscheuchen kann.

Sophie setzte sich dann irgendwann mit dem Glas Wasser auf den Küchentresen, während ich das Wasser für die Nudeln aufsetzte, und sagte schließlich: »Mama, ab wann weiß man eigentlich, dass man mit einem Jungen eine Beziehung hat? Also ab wann weiß man, dass es nicht einfach so ist, sondern so anders? Also ich meine, dass man merkt, dass man eine richtige Beziehung hat.«

Mmmhhhh. Da stand das Reh in voller Pracht auf der Lichtung. Also darum ging es hier. Könnte sein, dass diese Frage etwas mit diesem Linus zu tun hat, aber das konnte ich in dem Moment natürlich nicht fragen.

»Also als ich in deinem Alter war, da war das ganz einfach, da hat ein Junge ein Mädchen gefragt: ›Willst du mit mir gehen?‹, und dann konnte man ›Ja‹ oder ›Nein‹ oder ›Vielleicht‹ sagen, und dann war man eben zusammen oder man war es nicht.«

Sophie verdreht die Augen gen Himmel.

O Gott!

Das kann sie wirklich gut, das Augenverdrehen.

»Mama, ich bitte dich! Das ist komplett daneben und super peinlich.«

Das habe ich mir schon gedacht.

Das meiste aus meiner Jugend ist komplett daneben und super peinlich. Selbst für mich – muss ich leider zugeben. Außer die alten Levis 501, die ich damals getragen habe und sehr zu Sophies Leidwesen nicht für sie aufgehoben habe. Dabei hätte ich mir doch schon mit siebzehn denken können, dass alles einmal wiederkommt, schließlich habe ich damals auch den Schrank meiner Mutter nach Vintage-Schätzen aus ihrer Jugend durchforscht. Aber da wusste ich ja noch nichts von Sophie.

Und es stimmt. Es war super peinlich. Die Jungs haben sich an der Frage »Willst du mit mir gehen?« fast verschluckt, und als Mädchen hat man sich ab und zu nicht getraut, Nein zu sagen. Gut, dass dieses »Haben wir jetzt eine richtige Beziehung?«-Fragemodell auf dem Schrottplatz der Geschichte gelandet ist und bisher noch nicht recycelt wurde.

»Wie läuft das denn sonst so bei euch ab?«, frage ich daher meine Tochter ganz vorsichtig.

»Mama, ich weiß nicht. Deshalb frag ich ja dich.«

Sophie verdreht wieder die Augen gen Himmel.

Der Herr hat sie aber auch mit einer selten peinlichen Mutter geschlagen.

Ich überlege. Und werfe mal die Spaghetti ins Wasser. Ab wann hat man denn heutzutage eine Beziehung? Ich weiß es nicht wirklich.

Was ist eine richtige Beziehung? Wie definiert man das? Ab dem ersten Kuss? Oder ab dem ersten Mehr? Ab dem »Ich liebe dich«? Wenn man zusammenlebt? Wenn man die Eltern des anderen kennenlernt? Oder womöglich seine Kinder? Wenn man ein gemeinsames Konto hat? Oder erst, wenn man verheiratet ist? Oder wenn man zusammen Kinder bekommt? Wann ist es mehr als einfach nur so? Und was ist eigentlich einfach nur so? Und ist die

Definition einer Beziehung mit fünfzehn anders als mit fünfund-
fünfzig?

Ich finde, heutzutage ist alles irgendwie schwieriger geworden.
Alles wabert so ein wenig an der Beziehungsfront. Gerade Männer legen sich nicht mehr so gerne fest. Viele erfasst eher ein
Fluchtreflex, wenn man als Frau versucht, das Ganze in eine etwas
verbindlichere Abteilung zu manövrieren.

Wer Single als Status hat, muss noch lange nicht wirklich Single
sein. Das gibt es nicht nur bei den unter Zwanzigjährigen. Und
manche Jungs haben gleich zwei oder drei Beziehungen parallel.
Von denen die anderen wissen oder auch nicht. Ist alles nicht
mehr so einfach. Wie eben früher, wo ein Junge ein Mädchen gefragt hat.

Die Nudeln sind al dente, und ich erinnere mich an eine Szene
aus *Sex and the City*. Da denkt Carrie, sie hätte langsam eine Beziehung mit Mr. Big, und lässt nach und nach erst mal eine Zahnbürste, dann einen Föhn, dann eine Creme und so weiter in seinem Bad stehen. Das sieht auch alles gut aus, bis Mr. Big ihr eines
Tages all die Dinge in einer Plastiktüte mit den Worten überreicht:
»Du hast da was vergessen.« Autsch! Aus der Traum vom festen
Glück. Nun, Carrie hat Mr. Big dann irgendwann doch geheiratet.
Aber das ist ja auch nur ein Film. Das mit der Zahnbürste ist anscheinend gefährlich. Dazu kann ich Sophie also nicht raten, und
außerdem übernachtet meine Tochter noch ganz, ganz lange nicht
bei irgendwelchen Mr. Bigs. Kommt gar nicht infrage! Ihre Zahnbürste steht hier im Bad, und da gehört sie auch hin.

Aber meine Tochter braucht eine Antwort von ihrer bezie-
hungserfahrenen Mutter.

»Also, ich glaube, man hat eine richtige Beziehung, wenn man
bei und mit dem anderen ganz man selbst sein kann. Und echt
entspannt. Also wahrscheinlich dann, wenn man völlig relaxed

Jogginghosen tragen kann und sich darüber streitet, wer den Müll rausbringt.«

Sophie blickt mich an, als wäre ich eine Außerirdische. Und dann sagt sie: »Als du noch mit Papa zusammengewohnt hast, hast du öfter Jogginghosen getragen, und ihr habt euch ständig darüber gestritten, wer den Müll rausbringt.«

Sophie springt vom Küchentresen runter.

»Du hast echt keine Ahnung. Und Linus hat mir heute einen Zettel zugeworfen, auf den er geschrieben hat: ›Willst du mit mir gehen?‹ Und ich muss nur noch ankreuzen: ›Ja‹, ›Nein‹ oder ›Vielleicht‹. Ich weiß noch nicht, was ich ankreuzen will«, sagt Sophie und entschwindet nach oben in ihr Zimmer.

Ich blicke ihr nach und beschließe, ab sofort nie mehr Jogginghosen zu tragen, den Müll immer selbst rauszubringen und den neuen Mann an meiner Seite heute Abend zu fragen, ob er mit mir gehen will. Vielleicht mal ins Kino oder so.

Die drei magischen Worte

Eine von Sophies besten Freundinnen ist seit Neuestem in festen Händen, obwohl sie deutlich jünger ist als Sophie. So ungefähr drei Monate. Aber trotz ihrer unglaublichen Jugend hat Marie geschafft, was Sophie auch gerne hätte: Marie hat eine feste Beziehung mit einem Jungen aus der Klasse. Aber nicht nur das. Marie hat als erstes Mädchen in Sophies Klasse die drei magischen Worte von einem Jungen gehört:

Nach dreimal rumknutschen und daher wahrscheinlich von Hormonen völlig benebelt, hat der Junge Marie »Ich liebe dich« ins Ohr geflüstert.

Seitdem ist Marie nicht mehr wiederzuerkennen, hat Pupillen in Herzform und Sophie hat ständig Zoff mit ihr, weil Marie nur noch und ausschließlich über ihre Beziehung sprechen will und Sophie mit ihrem eigenen Zeug nicht mehr zu Wort kommt.

Also nicht, dass Sophie noch nicht in festen Beziehungen war. Da gab es durchaus schon einige. Ich würde sogar sagen, meine Tochter hat für ihr Alter einen ganz schönen Verschleiß an Jungs.

Das ging bei ihr schon im zarten Alter von vier los, als sie einen Jungen nach Hause einlud und die Zimmertür vor meiner Nase zumachte, um ungestört mit ihm Vater, Mutter, Kind spielen zu können. Und es steigerte sich natürlich über die Jahre.

Ich kann mich noch an meinen leichten Schockzustand erinnern, als Sophie mit zwölf von einer Klassenfahrt zurückkam, aus dem Bus stieg und mir bis über beide Ohren strahlend erklärte: »Mama, ich bin jetzt mit Flori zusammen.«

Hallo???!!!

Die war doch erst gestern noch ein Baby, und jetzt will sie lieber mit Jungs als mit Puppen spielen?

Und wieso hat der Lehrer auf der Klassenfahrt nicht anständig aufgepasst?

Und bezahlt die Schule jetzt die Alimente?

Ich machte mir noch Gedanken darüber, wie schnell ich Sophie in einer reinen Mädchenschule unterbringen könnte, da war die Beziehung schon wieder zu Ende. Sie hatte nur achtundvierzig Stunden gedauert.

Sophie hatte also durchaus schon feste Beziehungen, aber das, was sie bisher noch nicht hatte, ist ein Junge, der ihr die drei magischen Worte zugeflüstert hat.

Wenn wir Frauen die Worte »Ich liebe dich« hören, knallt bei uns die Sicherung raus und die Schmetterlinge tanzen Tango im Bauch. Liebesmagie eben.

Das ist natürlich ein durchaus erstrebenswertes Gefühl, weshalb ich sehr gut verstehe, dass Sophie das auch haben will.

Übrigens führen die gleichen drei Worte von ihrer Mutter ausgesprochen bei Sophie nur zu demonstrativem Gähnen. Es sind also nicht nur die Worte selbst, sondern es kommt natürlich darauf an, wer sie ausspricht. Das mit der Magie ist eben nicht so einfach. Erst recht nicht für Mütter von Teenagern.

Für Männer gibt es erstaunlicherweise drei völlig andere magische Worte, habe ich im Lauf meines Lebens festgestellt.

»Essen ist fertig« liegt dabei ganz vorne. Wenn man das zu einem Mann sagt, legt er einem gerne mal sein Herz zu Füßen. Vorausgesetzt natürlich, man kann gut kochen oder gut bestellen bei Foodora, Deliveroo oder so.

»Bundesliga beginnt gleich« zeigt auch bei den meisten Männern eine verblüffende Wirkung.

»Zu mir oder zu dir?« funktioniert übrigens auch sehr gut, auch wenn es mehr als drei Worte sind.

Neulich habe ich allerdings festgestellt, dass sich bei Frauen die magischen drei Worte im Lauf des Lebens verändern.

Also nicht, dass wir Frauen uns nicht immer wieder über ein hingehauchtes »Ich liebe dich« freuen würden. Gerne auch in Verbindung mit einem Zweikaräter. Das funktioniert immer, so als kleiner Tipp am Rande für die männlichen Leser.

Aber ich habe mittlerweile ganz neue drei magische Worte, die mein Herz höher schlagen lassen. Hab ich vor Kurzem entdeckt, als der neue Mann an meiner Seite hier war. Wir hatten einen gemütlichen Abend zusammen geplant, ich wollte kochen und hatte vor, ihm irgendwann »Essen ist fertig« ins Ohr zu wispern.

Wir schnippelten gemeinsam Gemüse, redeten über den Tag, und irgendwann erwähnte ich beiläufig, dass die Wischblätter meines Autos ziemlich runter waren und ich mich am nächsten Tag dringend darum kümmern müsste. Ich könnte sonst auch versuchen, beim nächsten Regen das Fenster offen zu lassen und die Scheibe mit meiner Hand zu wischen, aber wahrscheinlich ist das in Deutschland verboten. Ich hab das schon in Afrika gesehen, aber da regnet es ja auch eher weniger.

Der neue Mann an meiner Seite hörte kurz auf mit dem Schnippeln.

»Ich mach das«, sagte er zu mir.

»Du machst was?«

»Ich mach das mit den Wischblättern. Wie lange dauert das Essen noch?«

»So zwanzig Minuten.«

»Gut. Bis dahin bin ich wieder da.«

Der Mann schnappte sich meinen Autoschlüssel, fuhr zur nächsten Tanke, kaufte die Wischblätter und klickte sie an.

Als er zurückkam, war das Essen gerade fertig.

Und ich hatte weiche Knie, Herzen in den Pupillen, und die Schmetterlinge in meinem Bauch konnten sich nicht zwischen Hip-Hop und Tango entscheiden. Wobei Letzteres auch an dem halben Glas Wein liegen könnte, das ich in Abwesenheit des Mannes auf nüchternen Magen geleert hatte. Ich glaube, ich fand noch nie drei Worte aus dem Mund eines Mannes so sexy.

»Ich mach das.« Einfach so. Und dann geht er hin und macht das auch.

Wow!

Ich bin wie viele Frauen, die ich so kenne, ständig dabei, alles Mögliche zu machen und alles möglich zu machen. Das liegt zum einen natürlich daran, dass ich alleinerziehend bin, aber nicht nur. Meinen verheirateten Freundinnen geht es nicht viel anders.

Die To-do-Listen von Frauen heutzutage sind unfassbar lang, und jedes Mal, wenn ich einen Punkt abgehakt habe, ploppen zwei neue auf. Ich habe es in den letzten hundert Jahren, seit ich To-do-Listen schreibe, noch kein einziges Mal geschafft, alle Punkte der Liste komplett abzuhaken. Wenn ich darüber nachdenke, wird mir klar: Da stimmt doch was nicht! Da ist wahrscheinlich schwarze

Magie im Spiel. Irgendwann muss man doch mal eine abgearbeitete To-do-Liste haben. Passiert aber nie.

Sisyphus wäre heutzutage wahrscheinlich eine Sisypussy.

Ich sag ja, da stimmt was nicht.

Kaum hat man die Spülmaschine ausgeräumt, muss man sie wieder einräumen. Kaum hat man ein Projekt fertig, muss man schon das nächste anfangen. Und kaum sind die Kinder aus der Trotzphase raus, kommen sie schon in die Pubertät. Das Leben von Frauen heutzutage ähnelt einem Hamsterrad mit Turboantrieb.

Und wir rennen ständig schneller und schneller, ohne je ans Ziel zu kommen. Schwarze Magie eben.

Aber zurück zum Thema. Ich weiß aus eigener Erfahrung, dass für manche Männer »Ich liebe dich« eine ziemlich unverbindliche Aussage sein kann.

Das kann man einfach so dahinsagen. Das kann man so meinen oder auch nicht. Man kann es an einem Tag sagen und am nächsten Tag die Frau verlassen. Alles schon passiert. Bei »Ich liebe dich« möchte ich am liebsten sofort nachhaken. »Ja. Schön und gut. Aber wie lange? Warum? Und was heißt das überhaupt?«

In »Ich liebe dich« kann man dann als Frau alles reininterpretieren, was einem gerade so einfällt.

Aber »Ich mach das«.

Jetzt und sofort.

Das ist gelebte Liebe.

Übrigens hat Marie dem Jungen mittlerweile den Laufpass gegeben, und Sophie und sie haben wieder andere Gesprächsthemen. Wie sich rausstellte, dachte der Junge, »Ich liebe dich« sei das »Sesam, öffne dich«, um Marie flachzulegen.

103

Da fällt mir ein: Es gibt noch drei Worte, die wir Frauen liebend gern hören. Ich verrate sie hier mal, falls tatsächlich jemals ein Mann dieses Buch lesen sollte:

»Du hast recht.«

Das entwickelt ab und zu auch magische Kräfte.

Und hat schon gestandenen Frauen die Tränen in die Augen getrieben.

Friendzone

Seit längerer Zeit hängt hier im Haus immer öfter ein junger Mann rum. Nennen wir ihn mal der Einfachheit halber Leon.

Hier hängen natürlich öfter junge Männer rum, manchmal sogar in Rudeln, aber Leon fällt deshalb besonders auf, weil er absolut zuverlässig und ziemlich regelmäßig hier auftaucht.

Leon ist wie alle Jungs in diesem Alter groß, schlaksig und isst für vier. Außerdem ist er angenehm, nett, intelligent, und man kann sich ausgesprochen gut mit ihm unterhalten. Er sieht auch auf eine unaufgeregte Art gut aus und ist kein Angeber, eher etwas schüchtern, so wie ich ihn erlebe.

Woher ich das alles weiß?

Nun, Leon hängt öfter bei mir unten am Küchentisch ab. Wir haben auch schon mal zusammen was auf Netflix geschaut. Es war ihm gar nicht peinlich, aber mir.

Ich dachte, was denken die Nachbarn, wenn sie mich hier mit einem jungen Mann so auf dem Sofa sehen? Ich bin keine Mrs. Robinson, und ich will auch keine werden.

Leon hat sich wohl überhaupt nichts dabei gedacht. Ich bin mir völlig sicher, er hat auch den Film *Die Reifeprüfung* nie gesehen. Die jungen Leute heutzutage kennen überhaupt keine klassischen Filme mehr. Das ist ein Manko in jeder Hinsicht.

Ich mag Leon, ich finde ihn angenehm. Heute Abend war er mal wieder da. Er wollte mit Sophie eventuell ins Kino gehen. Sophie hatte sich eventuell mit ihm verabredet. Wie sich allerdings rausstellt, hatte Sophie sich nicht so richtig mit ihm verabredet, nur so vage, eventuell, vielleicht, irgendwie. In jedem Fall ist Sophie schon mit ein paar Freundinnen ins Kino gegangen, und so hängt Leon jetzt bei mir ab.

Er will warten, bis sie zurückkommt, wenn es mir nichts ausmacht. Nee, macht mir nix aus. Ich füttere Leon mit ein paar belegten Broten, und dann mache ich ihm noch etwas Spaghetti Bolognese von gestern warm. Unglaublich, was Jungs in diesem Alter so in sich reinschaufeln können. Wenn ich neben Sophie auch noch einen Sohn hätte, müsste ich wohl noch ein paar Bücher mehr schreiben, nur um alle ernähren zu können.

Als Sophie endlich nach Hause kommt, ist sie völlig überrascht, Leon zu sehen. Sie waren schließlich nicht richtig verabredet. Nur so irgendwie, vielleicht, eventuell. Aber sie entschuldigt sich trotzdem bei ihm (sie ist wirklich höflich erzogen worden – aber wohl nicht von mir), und die beiden verschwinden für einige Zeit hoch in ihr Zimmer. Mit offener Tür – das nur so nebenbei.

Eine halbe Stunde später ist Leon weg, und Sophie kommt runter, um durch den Kühlschrank zu surfen.

Ich räume gerade die Spülmaschine ein und kann mir bei dieser Gelegenheit leider nicht verkneifen, Sophie eine blöde Frage zu stellen. Ich bin schließlich ihre Mutter. Da gehört »blöde Fragen stellen« zur Arbeitsplatzbeschreibung.

»Du, sag mal, was läuft denn da eigentlich zwischen Leon und dir?«, sage ich ganz unschuldig und blicke meine Tochter an.

»Nichts.« Sophie macht sich auf die Suche nach einem Grießpudding mit Zimt, wie ich sie kenne.

»Nun, dafür, dass da nichts läuft, ist Leon aber ziemlich häufig hier.«

Sophie ist fündig geworden und lässt die Kühlschranktür zufallen.

»Mama, das verstehst du nicht, Leon ist Friendzone.«, meint Sophie lässig und macht den Pudding auf.

Friendzone ist Teenagersprache und bedeutet: Wir sind einfach nur Freunde. Das kann man natürlich als knapp Fünfzehnjährige auf gar keinen Fall in deutscher Sprache sagen. Das wäre vollkommen würdelos.

»Ist Leon vielleicht schwul?«, frage ich mal vorsichtshalber nach. Er kommt mir zwar nicht so vor, aber heutzutage, wo es jede Menge unterschiedliche Geschlechter bei den jüngeren Leuten gibt, kann man sich ja gar nicht mehr so sicher sein. Facebook bietet im Übrigen mittlerweile die Wahl zwischen sechzig verschiedenen Geschlechtsidentitäten an. Man kann da auch »pangender« sein zum Beispiel. Es gibt manchmal solche Kleinigkeiten, da freue ich mich richtig, dass ich schon älter bin und nicht mehr überlegen muss, ob ich vielleicht doch »pangender« bin. Bei uns damals gab's das noch nicht. Und jetzt weiß ich einfach, ich bin eine Frau. Passt schon. Gefällt mir gut. Ich will auch nicht tauschen. Macht das Leben irgendwie einfacher, find ich.

Aber die Generation von Sophie treibt sich ja sowieso nicht mehr auf Facebook rum. Das machen nur noch leicht über zwanzigjährige geschlechtsverwirrte Omas und Opas. Sophie und ihre Generation weiß eigentlich sehr genau, ob sie Männchen oder Weibchen ist. Und die kleinen und großen Unterschiede kosten sie auch gerne aus.

»Mama, du spinnst. Natürlich ist Leon nicht schwul.«

Das hab ich befürchtet. Der Junge tut mir leid. Er ist echt ein Netter.

»Sophie, ich sag dir jetzt mal was: Männer und Frauen, Jungs und Mädchen können nicht befreundet sein. Das ist völliger Unsinn. Es geht einfach nicht. Leon will mit dir nicht nur befreundet sein, der will mehr von dir. Und das weißt du auch ganz genau.«

Sophie dreht sich empört zu mir um und leckt den Deckel vom Zimtpudding ab.

»Mama, halt dich da raus. Du hast echt keine Ahnung.« Sagt sie und verschwindet nach oben.

Ich kann es nicht lassen, ich rufe ihr nach: »Lass ihn von der Angel, Sophie, tu ihm den Gefallen, er ist echt ein netter Kerl.« Aber das hat Sophie wahrscheinlich schon gar nicht mehr gehört.

Und wenn sie es gehört hat, will sie es nicht hören.

Denn eins ist völlig klar:

In der Friendzone zu sein ist wie im Fegefeuer zu sein. Nicht Himmel, nicht Hölle, sondern irgendwo mittendrin.

Und das ist kein guter Zustand.

Man könnte dazu auch Wartebereich sagen. Ziehen Sie eine Nummer und warten Sie, bis Sie – eventuell nie – aufgerufen werden.

Ich hatte früher auch Männer, die bei mir in der Friendzone waren. Und von daher weiß ich ganz genau, warum wir als Frauen solche Männer in unserer Nähe haben. Es ist ehrlich gesagt unfassbar bequem. Man hat sozusagen immer einen Mann auf der Reservebank, einen Zweit- und Drittmann, der oft sogar hilfsbereiter und netter ist als der Mann, der wirklich bei einem am Start ist.

Denn schließlich liegen alle diese »guten Freunde« auf der Lauer. Und warten, dass sie endlich aus der Friendzone vorrücken können in die Hotzone. Und die Hotzone ist natürlich mit dem Einzigen verbunden, das man nicht auch mit guten Freunden macht: Sex.

Ich behaupte mal, die allerwenigsten schaffen es dabei aus der Friendzone in die Hotzone. Ja, es gibt wohl »Tausendmal berührt, tausendmal ist nix passiert. Tausend und eine Nacht, und es hat Zoom gemacht.«

Aber Mädels, seien wir mal ehrlich, wenn da nicht schon auch in der Friendzone ein klitzekleines Knistern ist, wird es nie »Zoom« machen.

Nun, Sophie behält in jedem Fall Leon weiter in der Friendzone.

Als Leon das nächste Mal vorbeikommt und Sophie gerade mal wieder anderweitig beschäftigt ist, hole ich eine DVD aus dem Keller. Ein völliger Anachronismus, ich weiß. Leon blickt mich auch etwas ungläubig an, als ich sage, wir können ja einen Film schauen, bis Sophie wieder hier ist, und dann mit dieser komischen Plastikbox vor seiner Nase rumwedele. Ich schätze mal, er hat so ein Ding das letzte Mal mit sechs gesehen, als er *Michel aus Lönneberga* angeschaut hat, und kann sich nicht mehr daran erinnern. Aber Leon ist ein höflicher Junge und lässt sich darauf ein, und ich schiebe *Harry und Sally* in den DVD-Player, den ich dafür auch extra aus dem Keller holen musste.

Bestimmte Themen und Filme sind einfach zeitlos, selbst wenn sie sich auf Tafeln in Keilschrift befinden.

Leon scheint der Film jedenfalls in den Bann zu ziehen. Und auch ich muss sagen, ich habe ihn ungefähr einhundertdreiundneunzig Mal gesehen und finde ihn immer wieder gut.

Und er hat zeitlose, fantastische Dialoge, die das Thema prägnat auf den Punkt bringen:

»Wir werden nichts weiter sein als Freunde, einverstanden?«
»Großartig, Freunde! Das Beste, was es gibt.«

»Dir ist natürlich klar, dass wir nie Freunde sein können?«

»Wieso nicht?«

»Was ich sagen will, und das soll keine Anmache sein, weder versteckt noch offen, Männer und Frauen können nie Freunde sein! Der Sex kommt ihnen immer wieder dazwischen.«

»Das ist doch gar nicht wahr. Ich habe eine Menge männlicher Freunde, mit denen sexuell nichts läuft.«

»Hast du nicht.«

»Hab ich wohl.«

»Hast du nicht.«

»Wenn ich es dir sage.«

»Das glaubst du doch nur.«

»Heißt das, ich hab Sex mit Männern, ohne dass ich das weiß?«

»Ich sage nur, dass sie alle gern mit dir schlafen wollen.«

»Das wollen sie nicht.«

»Wollen sie.«

»Das wollen sie nicht.«

»Wollen sie.«

»Wie willst du das wissen?«

»Weil kein Mann nur mit einer Frau befreundet sein kann, die er attraktiv findet. Er wird immer mit ihr schlafen wollen.«

»Du sagst also, ein Mann kann mit einer Frau nur befreundet sein, wenn er sie nicht attraktiv findet?«

»Nein, die wird er genauso gern b… wollen.«

»Und was ist, wenn sie nicht mit dir schlafen wollen?«

»Das spielt keine Rolle. Sex steht immer im Raum. Und die Freundschaft ist zum Scheitern verurteilt. Damit ist die Geschichte zu Ende.«

»Das bedeutet, wir werden nie Freunde sein.«

»Scheint so.«

»Zu dumm. Du warst der einzige Mensch, den ich in New York kannte.«

Das kann man nicht besser sagen. Das kann man nur zitieren. Zu dem immer aktuellen Thema »Männer, Frauen und die schwere Entscheidung zwischen Freundschaft und Sex« kann man kaum einen besseren Dialog schreiben.

Leon geht nach dem Film nachdenklich nach Hause, noch bevor Sophie überhaupt wieder aufgetaucht ist.

Zwei, drei Wochen später bemerke ich, dass Leon nicht mehr kommt. Er ruft auch nicht mehr an.

Ich frage Sophie bei Gelegenheit, was mit Leon und ihr los ist. Nichts. Nichts ist los. Leon hat wohl versucht, Sophie nach einem gemeinsamen Kinobesuch zu küssen. Das ging anscheinend in die Hose. Sophie hat ihn energisch zurückgewiesen. Seitdem kommt er nicht mehr. Nichts mehr mit Friendzone. Gar keine Zone mehr. Es gibt eben nicht immer ein Happy End wie bei Harry und Sally, aber jetzt weiß Leon wenigstens, woran er bei Sophie ist. Das ist nicht schön, aber klar.

Wenn ich ehrlich bin, vermisse ich Leon manchmal, schließlich waren er und ich irgendwie befreundet.

Gleichberechtigung

Das Thema Gleichberechtigung durchzieht mein Leben seit ich denken kann. Ich bin nun mal eine Frau, und wir Frauen kämpfen ja schon ziemlich lange dafür, dass wir endlich auch machen dürfen, was die Männer so alles machen dürfen. Hosen tragen, viel Geld verdienen, im Stehen pinkeln.

Ich war zum Beispiel in meiner Jugend ganz vorne mit dabei bei der Gleichberechtigung und trug daher ständig lila Latzhosen. Geld verdient hab ich damals allerdings noch nicht so viel. In meiner Pubertät waren lila Latzhosen ein Zeichen absoluter Emanzipation – wobei keiner der Jungs damals auf den Gedanken gekommen wäre, jemals im Leben lila Latzhosen zu tragen.

Jetzt bin ich etwas verwirrt im Nachhinein, was diese lila Latzhosen denn nun eigentlich genau zur Gleichberechtigung der Geschlechter beigetragen haben? Und dann waren die Dinger noch nicht mal sehr vorteilhaft, auch nicht für meinen damals noch knackigen sechzehnjährigen Po. Aber egal. Für die Gleichberechtigung muss man eben manchmal Opfer bringen.

In jedem Fall war ich überzeugt, dass Kleidung und Gleichberechtigung viel miteinander zu tun hatten und haben. Wie viel genau, wird einem aber manchmal erst später im Leben so richtig klar.

113

Es war ein schöner Sommertag, und meine Freundin Mira rief an. Sie wollte mit dem neuen Mann an meiner Seite und mir zum Baden gehen. Irgendwo an einen der zahlreichen wunderbaren Seen in Oberbayern mit Blick auf die Alpen und Biergarten danach.

Mira hatte auch einen neuen Mann an ihrer Seite: Jens, den ich noch nicht kannte. Das passiert ja nun im Leben von Frauen öfter. Also dass man immer mal wieder einen neuen Mann an seiner Seite hat.

Zumindest öfter als früher, wo es die Gleichberechtigung noch nicht gab und man als Frau ein Leben lang bei dem Typen bleiben musste, den man sich so mit siebzehn nicht ausgesucht hatte.

Ich muss leider gestehen: Ich hab's eher nicht so mit gemeinsamen Pärchenaktivitäten. Also mit Pärchenabenden oder Pärchentausch oder was auch immer einem da so einfällt, wenn man sich als Paar furchtbar miteinander langweilt, aber noch nicht bereit ist, sich das einzugestehen, und immer noch hofft, dass der sich wöchentlich wiederholende Abend mit selbst gemachter Lasagne und Günther und Anna die Beziehung retten kann.

Das klappt natürlich nie im Leben.

Solche Beziehungen werden nur durch Saskias und Leons in Form von Babys gerettet – und selbst das klappt in den wenigsten Fällen. Dann sollte man sich besser ehrlich machen und sich schon vor dem Fondue und Trivial Pursuit mit Günther und Anna trennen.

Aber Mira hatte schließlich einen neuen Mann an ihrer Seite – sie konnte sich ja noch gar nicht so wirklich mit ihm langweilen, dachte ich mir. Vielleicht war das gar nicht so ein Pärchendingsda.

Der neue Mann an meiner Seite wischte dann sowieso meine Bedenken ruck, zuck beiseite, freute sich auf neue Leute und vor

114

allem auf gutes Wetter und den See und die Berge, und so waren wir anderthalb Stunden und drei Staus später (anscheinend waren auch andere auf die Idee gekommen, bei diesem Wetter rauszufahren) an einem Ufer angelangt und packten aus.

In jeder Hinsicht.

Also ich packte eine Decke aus, Sonnenmilch und was zu trinken, und Mira hatte sogar eine Liege dabei, und Jens packte sich selbst aus und präsentierte sich kurz darauf mit einem Badetanga im Leolook.

Schlagartig fühlte ich mich in die Achtziger versetzt, da gab es das schon mal. Ich dachte eigentlich bisher, dass der Leotanga für Männer mittlerweile ausgestorben sei, aber anscheinend hatte doch noch ein einsames Exemplar im Großstadtdschungel überlebt.

Ich bekam spontane Schnappatmung und versuchte das unelegant zu überspielen, indem ich einen großen Schluck vom viel zu warmen Mineralwasser nahm.

Mira kannte den neuen Mann an ihrer Seite offensichtlich doch schon lange genug, um auch die Leo-Stringtanga-Badehose zu kennen. Oder sie war eine hervorragende Schauspielerin. Ich glaube, sie hat sich tatsächlich mal vor Jahren als Statistin versucht. In jedem Fall zuckte sie nicht mit der Wimper, als Jens die Badehose und die damit verbundenen Pobacken in die Sonne hielt.

Kaum waren Mira und Jens in den See getaucht, zischte ich zu dem neuen Mann an meiner Seite – der Gott sei Dank ganz normale und somit normal bedeckende Badekleidung trägt – ruber, wie unfassbar geschmacklos ich solche Badehosen an Männern finde. Da ist ja nackt noch besser. Und in gewisser Weise sogar angezogener. Oder erzogener.

Der neue Mann an meiner Seite allerdings meinte, ich solle mal etwas lockerer werden. Schließlich mussten Frauen jahrelang dafür kämpfen, überhaupt Hosen anziehen zu dürfen, da müsste ich auch lernen, einen Mann im Stringbadetanga zu ertragen. Ich solle mich mal nicht so anstellen. Hosen sind Hosen, und heutzutage herrscht Gleichberechtigung auch für Männer.

Der neue Mann an meiner Seite nickte rüber zu ein paar Mädels in Sophies Alter, deren Pobacken auch nur mit winzigen Stofffetzen und Schnüren bedeckt waren. Und leider trägt auch Sophie diese Teile. Die Mädels haben aber auch in diesem Alter noch einen Po, der nicht mit Spandex zusammengehalten werden muss. Das konnte man von Jens nun mal nicht behaupten.

Aber ich will ja niemanden wegen seines Alters und Geschlechts oder sonst irgendwas benachteiligen. Jeder soll seine Pobacken in die Luft halten können, wie er will.

Also gut. Wo er recht hat, hat er recht, der Mann. Und Gleichberechtigung ist Gleichberechtigung. Dachte ich mir.

Ich fasste mich also, setzte meine Sonnenbrille auf und legte mich wieder in die Sonne. Der Sommersonnennachmittag sollte nicht von so was getrübt werden, und Hauptsache, ich war bedeckt und trug wie schon seit Jahren einen schlichten Einteiler.

Ich blickte in die Berge und auf den See und nicht auf die Stringtangas.

Ich bin tolerant und für die Gleichberechtigung der Geschlechter. Auch und gerade in Kleiderfragen.

Wir schwammen, lachten und dann ging es gegen Abend und nach Hause. Der neue Mann an meiner Seite meinte auf der Rückfahrt, ich hätte tapfer durchgehalten, und das wäre doch mal eine gute Übung für mich in Sachen Toleranz dem anderen Geschlecht gegenüber gewesen.

Ein paar Tage später kam dann eine Einladung von Mira und Jens. Zu einem Pärchenabend. Mit Rosé und Risotto. Und dann sollten wir zu diesem schönen Abend jeweils in den Kleidern des anderen Geschlechts kommen. Mira und Jens würden das öfter machen, das sei gut für das Gleichgewicht innerhalb der Beziehung. So kann man sich wohl besser in den Partner hineinversetzen und meckert und mäkelt nicht so viel am anderen rum. Diese Idee hat Mira von dem Paartherapeuten, der ihre letzte Beziehung in den Sand gesetzt hat. Aber Mira schwört, es lag nicht am Therapeuten und auch nicht an ihr, sondern ausschließlich an ihrem Ex, dass es nicht geklappt hat mit dem lebenslangen Liebesglück.

Ich sah mich schon in einem scharfen schwarzen Männeranzug mit aufgeknöpften Hemd drunter. Ganz Marlene Dietrich.

Der neue Mann an meiner Seite sah sich nicht ganz so in dem Kleid, das ich extra für ihn weiter gemacht hatte.

An dem entscheidenden Abend hatte der neue Mann an meiner Seite dann leider gar keine Zeit für Mira und Jens. Er musste mit dem Motorrad in voller Ledermontur dringend beruflich irgendwohin fahren. Feigling, sag ich nur.

Aber ich habe ihm als Entschädigung eine Stringtanga-Unterhose gekauft. Da kann er beim Pobackenzusammenkneifen an die Gleichberechtigung denken. Falls er das Ding jemals anzieht.

Herrenbesuch

Sophie hat einen Jungen auf ihrem Zimmer.

Es ist zwar ein noch nicht ganz ausgewachsenes männliches Exemplar unserer Spezies, aber ein knappes Jahr älter als meine Tochter und damit sicher voll funktionsfähig.

Wenn Sie wissen, was ich meine.

Sophie und der Junge sind seit drei Sekunden oben, und die Tür von Sophies Zimmer ist zu. Bisher war ihre Tür nie zu, wenn ein Junge da war.

Aber jetzt.

In diesem Augenblick.

Während ich das schreibe. Wenn ich denn schreiben könnte, wenn ich mich denn konzentrieren könnte. Aber ich kann mich nicht konzentrieren.

Denn, wie schon gesagt: Sophie hat einen Jungen auf ihrem Zimmer.

Einen Jungen, den ich vorher noch nie gesehen habe. Der Typ ist irgendwie von Sophies Schule, irgendwie eventuell eine Klasse über ihr. Das ist alles, was ich über ihn weiß, abgesehen davon, dass er männlich ist. Ich habe ihn genau eine hundertstel Sekunde gesehen, bevor Sophie mit ihm in ihr Zimmer verschwunden ist und die Tür ins Schloss fiel.

In jedem Fall sind die beiden in einem Alter, in dem das andere Geschlecht nicht nur sehr, sehr, sehr interessant ist, sondern in dem auch die Anziehungskräfte zwischen den Geschlechtern am stärksten sind. Die Schwerkraft der Erde ist nichts gegen zwei Pubertierende.

Behaupte ich jetzt einfach mal.

Oder vielmehr, ich weiß das. Ich war ja auch mal in dem Alter.

In jedem Fall: Es ist ernst. Sophie meint es ernst.

Woher ich das nun wieder weiß?

Bisher war es bei Sophie immer so: Alle Mädels in diesem schrecklichen Alter – inklusive Sophie – stehen lieber bei minus zehn Grad mit Löchern in den Hosen und Sneakers ohne Socken mit anderen Jugendlichen diverser Geschlechter auf der Leopoldstraße rum und frieren sich ihren hübschen Po ab, als irgendwie einen Jungen zu sich nach Hause zu lassen.

Wobei es dabei natürlich nicht darum geht, dass sie keinen Jungen bei sich zu Hause haben wollen. Das wollen sie schon. Sie wollen nur keinen Jungen UND ihre Mutter/ihren Vater gleichzeitig bei sich zu Hause haben.

Und Sophie hat da leider die A-Karte mit mir als ihrer Mutter gezogen. Ich bin quasi immer zu Hause. Angewachsen. Wie eine Schnecke mit Haus. Ich arbeite ja zu Hause. Ich bin nicht so oft weg. Und wenn, dann nicht sehr lange. Und ich bin schon gleich gar nicht weg, wenn Sophie einen Jungen zu Hause hat.

Das wäre ja noch schöner.

Wobei ich ganz klar sagen kann, das, was mich wirklich beunruhigt, ist der Singular bei der ganzen Sache: Da oben ist EIN Junge.

Im Plural und Rudeln durften Jungs bisher hier durchaus jederzeit auftauchen. War nie ein Problem. Weder für mich noch für Sophie. Der Kühlschrank und die Haustür waren für alle immer

120

offen. Ist mir lieber, als wenn sie sich auf der Straße rumtreibt und sich eine Lungenentzündung holt.

Aber jetzt ist alles anders. Da oben sind nur ein Junge und eine Sophie.

Die Zimmertür ist zu, und ich darf unter Androhung der Todesstrafe nicht näher als zweihundert Meter an diese Tür ran.

Das letzte Mal, als sie einen Jungen im Zimmer mit verschlossener Tür hatte, da war sie vier oder fünf und im Kindergarten. Da hab ich mir noch nicht so viel bei gedacht. Aber da war es ähnlich wie heute: Wenn man keinerlei Geräusche mehr hört, ist höchste Alarmbereitschaft angesagt. Dann passiert ganz sicher gerade etwas, das nicht passieren sollte. Zumindest aus Elternsicht.

Wobei Sophie heute jegliche Geräusche mit den Top 50 Global von Spotify in Lautstärke zwei Millionen Dezibel übertönt.

Ich weiß also noch nicht mal, ob es drinnen – außer dass Beyoncé heult und stöhnt (ich hoffe zumindest, das ist Beyoncé) – völlig still ist und ich zu Alarmstufe Rot wechseln sollte.

Was soll ich tun? Ich habe Sophie hoch und heilig versprochen, auf keinen Fall in ihr Zimmer zu kommen. Unter keinen Umständen. Auch nicht, wenn das Haus brennt.

Hat mein Schreibtisch nicht gerade eben leicht gewackelt? Ja! Schon wieder! Eindeutig! Das ist ein Erdbeben. Über Erdbeben habe ich nicht mit Sophie gesprochen. Erdbeben fallen eindeutig unter »ganz besonderer Notfall«.

Vielleicht könnte ich jetzt einmal ganz kurz in ihr Zimmer.

Am besten ohne anzuklopfen. Ich meine, welche vernünftige Mutter würde bei einem Erdbeben an die Tür ihrer Tochter klopfen und auf ein »Herein« warten? Sehen Sie, eben! Sie würden so eine Mutter für völlig verrückt halten. Ich im Übrigen auch.

121

Ich bin drei Stufen die Treppen zum ersten Stock hoch, als mein Verstand wieder einsetzt.

Ich. Darf. Nicht. In. Ihr. Zimmer.

Ich kann mich noch erinnern, als ich das erste Mal einen Jungen bei mir zu Hause hatte. Meine Mutter kam so alle zehn Minuten rein. Brachte mir frische Wäsche. Fragte, ob wir was zu trinken wollten. Wollte wissen, wann morgen die Schule losgeht. Brachte mir erneut frische Wäsche. Brachte uns einen Orangensaft. Fragte, wann die Schule morgen aus ist.

Es war unfassbar peinlich. Ich will nicht so eine peinliche Mutter sein. Obwohl: Sophie findet mich, seit sie ungefähr elf ist, sowieso peinlich. Also, was soll's! Ist der Ruf erst ruiniert, spioniert's sich gänzlich ungeniert.

Ich bin eine Spießerin. Eine furchtbare Spießerin. In mir meldet sich mein früheres Vor-Mutter-Ich zu Wort. Als ich so alt war wie Sophie, gab es den Spruch: »Wer zweimal mit demselben pennt, gehört schon zum Establishment« – und es war damals völlig klar, dass ich auf keinen Fall zum Establishment gehören wollte. Auch wenn mir damals nicht so ganz klar war, wer oder was das Establishment eigentlich sein sollte.

In jedem Fall bin ich jetzt Establishment. Und meine Regel ist: »Kein Sex vor der Ehe«. Das betrifft natürlich nur Sophie. Ich darf das. Ich bin schließlich erwachsen und war noch nie so richtig verheiratet. Mein Leben wäre etwas traurig, wenn ich mich bisher an diese Regel gehalten hätte. Und Sophie würde es ja dann auch nicht geben.

Aber für Sophie gilt: Kein Petting. Kein Knutschen. Kein gar nix. Vielleicht könnte ich mit Händchenhalten noch leben. Eventuell. Nur in meiner direkten Anwesenheit selbstverständlich und mit Handschuhen.

Was machen die beiden da oben? So lange?

Ich überlege kurz, ich könnte für die Zukunft so eine Überwachungskamera installieren. Die sind ja heutzutage total winzig. In Sophies Zimmer steht so viel Krempel rum, da lässt sich so was problemlos verstecken. Wahrscheinlich könnte ich alles direkt live auf meinem Handy mitverfolgen. Aber das wäre irgendwie pervers, finde ich. Ich bin ja keine Voyeurin. Ich will einfach nur wissen, was los ist. Was machen die da oben? Was macht sie? Was macht er? Und vor allem, was machen die miteinander?

Denke nicht an einen rosa Elefanten. Jeder kennt dieses Spiel. Natürlich denkt man sofort an einen rosa Elefanten. Man kann gar nicht mehr aufhören, an rosa Elefanten zu denken, so lange, bis eine ganze rosa Elefantenherde einem durch den Kopf trampelt.

Das ist ja nicht mehr zum Aushalten. Schon Lubitsch wusste, dass im Kopfkino die härtesten Filme laufen.

Ich könnte ja mal einfach kurz hoch in ihr Zimmer gehen. Ich hab völlig vergessen, dass der Junge da ist. Sophie soll bitte mal die Musik leiser machen. Man versteht ja seine eigenen Gedanken nicht mehr. Ich sag ihr das sonst ja auch mindestens hundert Mal am Tag.

Ich gehe die paar Stufen hoch und habe fast schon die Klinke zu Sophies Tür in der Hand, als die Tür wie von Geisterhand von selbst aufgeht. Ich kann mich grade noch mit einem großen Satz ins Badezimmer flüchten, das direkt neben Sophies Zimmer liegt.

Gott sei Dank hat Sophie nicht mitbekommen, dass ich beinahe in ihr Zimmer geplatzt wäre. Unschuldig lege ich schnell etwas Wimperntusche im Bad nach. Kann ja nicht schaden. Sophie geht alleine runter in die Küche. Der Junge ist offensichtlich noch in ihrem Zimmer. Die Tür ist wieder zu. Aber das ist im Moment ja egal. Die beiden befinden sich ja gerade auf verschiedenen Stockwerken.

Völlig lässig im Rhythmus zu Beyoncés »If I were a boy«, das immer noch aus Sophies Zimmer schallt, als würde es keine Türen geben, tanze ich runter in die Küche. Ich habe plötzlich so ein Hungergefühl. Dort treffe ich auf meine Tochter, die gerade dabei ist, zwei Gläser Orangensaft einzuschenken und sie auf ein Tablett zu stellen, um sie mit ein paar kleinen Snacks mit nach oben zu nehmen. Gut. Wenigstens ist sie noch nicht alt genug, um zwei Bier mit nach oben zu nehmen.

Sophie blickt kaum hoch, als sie mich sieht.

Aber ich kann nicht länger an mich halten. »Und? Was läuft?«, platzt es aus mir heraus. Dabei weiß ich doch genau, dass man mit nichts weniger Informationen aus einem Teenager herausbekommt, als wenn man direkt fragt. Informationen von Teenagern sind sehr scheue Rehe. Ich muss mich tagelang auf die Lauer legen und den günstigsten Moment abwarten, bis eine Info von selbst meine Tochter verlässt. Erst dann kann ich ganz vorsichtig den Versuch starten, ein Gespräch zu beginnen. Sophie reagiert erwartungsgemäß nicht, und dann sage ich auch noch:

»Was habt ihr beiden Hübschen denn die letzten Stunden so getrieben?«

(Ich kann jetzt nicht glauben, dass ich gerade »getrieben« gesagt habe, aber wenn meiner Tochter die Doppeldeutigkeit nicht auffällt, habe ich ja noch mal Glück gehabt.)

Meiner Tochter fällt die Doppeldeutigkeit natürlich auf. Sie ist ja nicht mehr fünf. Leider.

Sie prustet so laut los, dass der Orangensaft auf dem Tablett in ihren Händen überschwappt.

»Glaub mir, Mamchen, das willst du lieber nicht wissen.«

Mamchen sagt sie manchmal etwas herablassend zu mir, wenn sie mir andeuten will, dass sie die Coolness in Person ist und die Checkerin überhaupt. Ich kontere normalerweise mit »Kindchen«,

124

was sie ihrerseits gar nicht gerne hört, da es ihre Coolness infrage stellt, aber im Moment bin ich tatsächlich sprachlos.

Mein Gesichtsausdruck bringt Sophie noch mehr zum Lachen.

»Ihr habt euch doch nicht etwa geküsst? Ich meine so richtig? Habe ich mit dir überhaupt schon über Verhütung geredet? Wann habe ich dich das letzte Mal aufgeklärt? Ich mach gleich morgen einen Termin bei der Frauenärztin aus, und bis dahin bitte ich dich, tu nichts Unbedachtes und …«

Sophie prustet noch stärker. »Mama! Ich bitte dich! Das wäre doch echt eklig! Das mache ich doch nicht mit einem Jungen! Dafür bin ich doch viel zu jung! Was du für perverse Fantasien hast.« Spricht's und verschwindet mitsamt dem Tablett wieder nach oben in ihr Zimmer. Peng! Die Tür geht erneut zu.

Also irgendwie war ich in ihrem Alter doch schon weiter, denke ich und schenke mir erst mal einen Kaffee ein.

Wunschträume

Es ist Freitag. Sophie kommt aus der Schule und beschwert sich.

Das ist an und für sich nichts Ungewöhnliches.

Das Sichbeschweren gehört zur Pubertät wie Zahnspangen und zu laute Musik.

Normalerweise beschwert sich Sophie über die Lehrer, über unverschämte Leute in der U-Bahn, die ihr keinen Sitzplatz anbieten trotz des schweren Rucksacks, der ihr junges Kreuz einseitig belastet, weil sie ihn einseitig trägt, weil einen Rucksack richtig auf dem Rücken tragen voll uncool ist, und am allerliebsten beschwert sie sich über ihre Mutter.

Heute ist es anders.

Sophie beschwert sich über die Jungs in ihrer Klasse. Über die hat sie sich ganz früher auch beschwert, aber seit fast jeder von denen ein potenzieller *love interest* ist, sind die Jungs normalerweise fein raus.

Also bisher zumindest waren sie das. Aber seit Neuestem haben die Jungs in ihrer Klasse wohl ein neues Wochenendprogramm.

So hörte Sophie nach der letzten Stunde davon, indem sie zufällig ein Gespräch zwischen Niklas und Jonas mitbekam, als sie

127

gemeinsam in einem Pulk Pubertierender in Richtung U-Bahn gingen.

In diesem Gespräch ging es um die Planung des jugendlichen Wochenendes. Diese Planung bestand wie immer aus Chillen, Party, Chillen, Party, Chillen, Party. Aber dann kam – Achtung – was völlig Neues hinzu, ich zitiere Niklas jetzt wörtlich: »Dieses Wochenende gönn ich mir eine.«

Es ging dabei natürlich nicht um eine Zigarette oder so was (Hände weg von Drogen, sag ich nur), sondern um Mädchen.

Niklas wollte sich am Wochenende mal ein Mädchen gönnen.

Sophie ist darüber sehr empört.

Es ist echt sexistisch. Frauenfeindlich. Chauvinistisch. Bar jeglicher Achtung für das weibliche Geschlecht.

Und es ist köstlich.

Ich liege am Boden vor Lachen. Der Hund blickt mich verwundert an – der Boden ist normalerweise sein Revier. Er schleckt mir einmal quer über das Gesicht.

Ich komme wieder in die Senkrechte.

Ich kenne die Jungs aus Sophies Klasse.

Bisher allerdings nur ziemlich flüchtig – schließlich waren Jungs jahrelang nur unfassbar langweilig und blöd, und der Kontakt zwischen Mädchen und Jungs fand nur gezwungenermaßen statt.

Das hat sich natürlich mittlerweile gehörig geändert.

Ich bin sogar der Überzeugung, dass Sophie eigentlich nur noch wegen der Jungs in die Schule geht. Ansonsten hätte sie wohl schon längst den ganzen Krempel hingeschmissen.

Schulen hätten überhaupt viel mehr Erfolg in den höheren Klassen, wenn sie den Lehrplan etwas spannender gestalten würden. Also in etwa so: Willst du mit fünfzehn Jungs flirten und nebenbei eine Gleichung lösen? Dann komm in Mathe!

Oder auch: Willst du die Gelenkigkeit deines Körpers in knallengen Klamotten effektiv dem anderen Geschlecht präsentieren, ohne dabei allzu sehr wie eine Nutte auszusehen, dann mach mit beim fakultativen Geräteturnen.

Ach. Manchmal vermisse ich die alten Zeiten.

Aber egal, wie alt die Zeiten sind: Jungs bleiben Jungs.

Und ich gehe jede Wette ein, von den jungen Kälbern hat noch nie einer an keinem Wochenende in den letzten zweitausend Jahren »sich ein Mädchen gegönnt«.

Das höchste der Gefühle dürfte etwas Rummachen sein und ein feuchter und wahrscheinlich etwas ungeschickter Kuss.

Und wie ich es einschätze, wird es auch noch einige Zeit dauern, bis das »Ich gönn mir eine« in irgendeiner Form Realität wird.

Genau genommen wird es so sowieso nie passieren. Außer die Jungs verdienen irgendwann genug, um sich eine Edelnutte leisten zu können – dann kann man sich vielleicht auch mal eine Frau gönnen.

Ansonsten ist doch wohl eines völlig klar: Wenn überhaupt, gönnen sich Frauen einen Mann.

Nicht umgekehrt.

Auch wenn wir Frauen es geschafft haben, Männern seit Jahrtausenden die Illusion der Auswahl zu überlassen, sind wir diejenigen, die bestimmen, mit wem wir was und wie machen.

Zumindest in Gesellschaften, die Frauen wie Frauen behandeln.

Klar müssen Jungs jagen.

Das ist das alte Spiel.

Jungs müssen denken, dass sie jagen, aber während sie denken, sie jagen, sind es die Mädchen, die die eigentlichen Jäger und Fallensteller sind.

Sie bestimmen darüber, welcher Junge sie überhaupt jagen darf.

Das ist der Trick dabei.

Und den haben auch schon vierzehn-, fünfzehnjährige Mädels drauf.

Und nachdem Sophie sich genug über die Jungs beschwert hat, frage ich sie, welches Mädchen Niklas sich dieses Wochenende ihrer Meinung nach gönnen wird.

Sophie blickt mich kurz nachdenklich an. Sehr kurz.

»Keines. Keine will was von dem. Der ist viel zu kindisch.«

»Eben.«

Sophie grinst über beide Ohren.

Sie hat verstanden.

Sich über »Dieses Wochenende gönn ich mir eine« zu beschweren, lohnt nicht.

Eine kluge Frau lächelt dazu nur wissend.

Ein kluges Mädchen auch.

Mädels sind in diesem Alter einfach weiter als die Jungs. Und manche Jungs holen auch im Rest ihres Lebens diesen Vorsprung nicht mehr auf.

Und das war jetzt echt sexistisch.

Ich weiß.

Zeig mir deins, ich zeig dir meins

Ich kann mich nicht mehr so genau daran erinnern, wann ich als Kind zum ersten Mal bemerkt habe, dass es zwei verschiedene Geschlechter gibt. Aber ich weiß genau, dass es irgendwann im Kindergarten passiert ist.

Und auch Sophie hat die Sache mit den Jungs und den Mädchen im Kindergartenalter entdeckt.

Irgendwann kommt eben der Zeitpunkt, da fragen kleine Mädchen, wieso der Kevin so ein Ding zum Pinkeln hat. Was kleine Jungs fragen, weiß ich nicht so genau, denn ich hatte noch nie einen kleinen Jungen. Nur große Jungs. Und die kennen den kleinen Unterschied nun ja schon länger. Hoffentlich.

In jedem Fall ist es ein äußert interessanter Moment, wenn kleine Kinder sich darüber klar werden, dass Jungs und Mädchen unterschiedlich ausgestattet sind.

In diesem Alter kommt es ja dann auch öfter mal vor, dass sich die Kids stolz gegenseitig ihre primären Geschlechtsmerkmale zeigen.

Im Kindergarten geschieht das gerne noch in aller Öffentlichkeit. Mit steigendem Alter dann immer mehr im privaten Umfeld.

Spätestens in der Pubertät wird dann aber jede Tür abgeschlossen, die über ein Schloss verfügt. Was ja grundsätzlich absolut begrüßenswert ist. Auch Eltern freuen sich, wenn sie selbst die Tür mal wieder hinter sich abschließen können und nicht von einem Dreijährigen permanent ins Bad begleitet werden.

Allen Eltern, die noch mit Kleinkindern gesegnet sind, kann ich versichern: Es kommt die Zeit, da darf man als Mutter durchaus wieder alleine auf die Toilette. Man kann dann sogar die Tür hinter sich schließen, ohne dass sich draußen jemand ausgeschlossen und mutterseelenallein fühlt und in herzzerreißendes Gebrüll ausbricht.

Wobei ich allerdings absolut empfehle, dass man sich als Teenagermutter an den Schmink-/Dusch-/Stylingzeiten des Nachwuchses orientieren sollte. Sonst kann es passieren, dass, während man sich gerade im Bad entspannt, draußen wieder die Tochter steht, die aus vollem Hals brüllt und unbedingt sofort ins Bad will. Allerdings diesmal nicht, weil sie es keine Sekunde länger ohne Mama aushalten kann, sondern weil sie in fünf Stunden ein Date hat und es keine Sekunde länger ohne Lipgloss aushalten kann. Insofern ändern sich die Zeiten für Eltern vielleicht doch nicht wirklich.

Wobei ich mir schon manchmal denke, wie seltsam ich es finde, dass sich junge Menschen in der Pubertät äußerst ungerne vollkommen nackt vor Fremden und Familien präsentieren würden, aber manche Mädels in Sophies Schule sich so anziehen, dass vollkommen nackt daneben geradezu angezogen wirken würde.

Aber auch erwachsene Frauen zeigen gerne Busen, Po und Beine. Und Männer Muckis und Sixpack. Auch wenn die primären Geschlechtsmerkmale ab dem Kindergartenalter dann doch meistens verhüllt werden. Gott sei Dank.

Niemand kauft gerne bei der Annäherung an das andere Geschlecht die Katze im Sack. Nein, auch nicht bei einem Blind Date.

Beim Tanz der Geschlechter gilt einfach immer noch:

Zeig mir deins, ich zeig dir meins.

Mehr oder weniger verhüllt.

Und wenn es dann beiden passt, was sie so zu sehen bekommen, kann es durchaus passieren, dass Mann und Frau nicht nur im Bett, sondern sogar vor dem Traualtar oder im Kreißsaal landen.

Das ist schließlich Sinn und Zweck des Ganzen.

Es gibt Männer und Frauen ja nicht, damit wir unterschiedliche Toiletten benutzen können, sondern die verschiedenen Geschlechter dienen in erster Linie der Fortpflanzung, damit die Gene sich möglichst gut mischen und die Art sich weiterentwickelt und Bestand hat.

Und wenn man dann die Kindergartenzeit, die Pubertät, die Flirterei und anschließend Ehe und Kreißsaal hinter sich gelassen hat, kann es einem passieren, dass man dem anderen Geschlecht bei der Scheidung völlig andere Dinge zeigen muss als jemals zuvor.

Dann landet man plötzlich beim gegenseitigen Vorzeigen von Kontoauszügen, Einkommensnachweisen und Vermögensaufstellungen.

Die Frage ist jetzt, zu welchem Zeitpunkt man sich mehr nackt fühlt.

Let's party

Sophie wird in ein paar Tagen fünfzehn.

Ich habe keine Ahnung, wie das passieren konnte.

Gestern trug sie noch Windeln, und heute bin ich froh, dass sie mich nicht ins betreute Wohnen abgeschoben hat.

Noch nicht.

Aber abschieben will sie mich schon, wenn auch vorerst nur für ein paar Stunden.

Sophie hat für ihren Geburtstag – neben dem Aufkauf aller verfügbaren Klamotten von Brandy Melville – vor allem einen dringlichen Wunsch: Ihre Mutter möge doch bitte verschwinden – und am besten erst wieder auftauchen, wenn alle Essensvorräte vertilgt sind und sie frisches Geld für frische Klamotten braucht.

Es gibt definitiv nichts, was einem die eigene Vergänglichkeit so vor Augen führt, wie ein Kind zu haben. Ich rate dringend allen davon ab, die sich in der Illusion ewiger Jugend wiegen wollen.

Vorbei sind die Zeiten von Mottopartys, Geschenketütchen, Schatzsuchen und rosa Einhörnern. Vorbei! Adieu!

Ich hätte nie gedacht, dass ich diesem irren Kindergeburtstagsstress irgendwann mal nachweinen würde.

Aber ich tue es.

Nun muss ich also verschwinden – zumindest am Abend, damit Sophie ungestört Sex and Drugs and Rock 'n' Roll haben kann.

Dabei war ich doch gestern noch diejenige, die auf Partys ging. Ich bin irgendwie über Nacht zu meinen eigenen Eltern mutiert. Wie bei Kafka. Nur schlimmer.

Und jetzt muss ich an Sophies Geburtstagsabend für ein paar Stunden mein Haus räumen. Denn wer bin ich, dem eigenen Kind den sehnlichsten Geburtstagswunsch nicht zu erfüllen?

Leider ist mein eigenes Partyleben nach Jahren der Kindererziehung etwas auf Halbmast, wenn nicht sogar Viertelmast bis fast gar nicht Mast. Das heißt, normalerweise sumpfe ich zu Hause rum und bin froh, wenn ich abends nicht mehr das Haus verlassen muss. Und so geht es allen meinen Freundinnen, denn fast alle sind Mütter und wollen abends vor allem eins: ihre Ruhe.

Gott sei Dank aber kenne ich noch ein paar Mädels, die lieber keine Kinder wollten und damit ihre eigene Jugend um ein paar Jährchen verlängert haben.

Zumindest haben sie es versucht.

Und an die wende ich mich in meiner Not.

Der neue Mann an meiner Seite hat nämlich leider just an dem Abend keine Zeit für mich. Geschäftstermin. Da will ich nun doch lieber nicht mit. Aber ich kann gerne in seine Wohnung, dort Fernsehen schauen, bis ich einschlafe. Nicht so prickelnd, diese Aussicht. Meine Tochter macht bei mir eine Party, und ich liege alleine in der Wohnung des neuen Mannes vorm Fernseher? Echt jetzt?

Erstaunlicherweise finde ich aber doch eine alte Freundin, die genau am selben Tag wie Sophie eine Wohnungseinweihungsparty macht.

Halleluja!

Als der große Abend kommt, verschwinde ich wie verabredet, noch bevor Sophies Gäste eintreffen.

Ich habe drei Regeln für die Party aufgestellt:

• Keine Drogen
• Hinterher sieht alles so aus wie vorher
• Keine Drogen

Sophie hat mir hoch und heilig versprochen, sich daran zu halten.

Also verschwinde ich zu meiner alten Freundin Larissa. Die hat eine wirklich schöne neue Wohnung. Hat sie direkt nach ihrer dritten Scheidung gekauft.

Die Party ist echt nett. Ich kenne Larissa schon seit dem Studium und freue mich richtig, sie wiederzusehen. Sie wundert sich allerdings, dass ich heute Abend Zeit habe und nicht nach fünf Minuten wieder gehen will, wie sonst. Ich erzähle ihr von Sophies Geburtstagsparty, die gerade bei mir zu Hause stattfindet, und dass ich versprochen habe, nicht so schnell wieder zurückzukommen. Larissa starrt mich an, als wären mir gerade Hasenohren gewachsen.

»Du lässt deine Tochter mit fünfzehn alleine Party machen? Bei dir im Haus?«

»Ja. Klar.«

»Und da kommen auch Jungs?«

»Ja, in dem Alter sind doch die Partys nur interessant, wenn da auch Jungs kommen.«

»Du bist echt mutig, um nicht zu sagen wahnsinnig.«

»Larissa, alles im grünen Bereich. Ich vertraue meiner Tochter. Voll und ganz.«

Larissa starrt mich weiterhin an. Wahrscheinlich wächst mir gerade ein Puschelschwänzchen.

»Ich will dich ja nicht beunruhigen, aber kennst du schon die Geschichte von Anna? Die steht da drüben, nicht hinschauen jetzt.«

Ich schau natürlich trotzdem hin. Anna sieht ganz normal aus,
würde ich sagen. Larissa macht weiter.

»In jedem Fall war Annas Tochter vor vier Jahren auf Klassenfahrt, mit sechzehn. Irgendwo in Italien. Der Klassenlehrer hat
nicht aufgepasst. Anna ist seit drei Jahren Großmutter, sieht man
ihr aber gar nicht an, nicht wahr? Und der Klassenlehrer muss
Alimente zahlen. Ich sag nur: Aufsichtspflicht. Ich kann dich
gerne mal mit ihr bekannt machen, wenn du möchtest, sie kennt
sich juristisch mittlerweile bestens bei diesem Thema aus.«

Ich starre Anna an.

Nein. Ich möchte nicht. Ich will Anna nicht näher kennenler-
nen, und ich möchte auch nicht in neun Monaten Großmutter
sein. Und ich will vor allem keine Alimente zahlen müssen für ein
Kind, das gar nicht von mir ist.

Ich lasse Larissa stehen und gehe mir ein neues Glas Rotwein
holen. Larissa neigte schon immer zu leichter Hysterie. Sie hat
keine Kinder. Ich vertraue Sophie.

Ich bin locker. Ich bin echt eine coole Mutter.

Ich weiß doch, wie es ist, wenn man jung ist.

Eben. Ich weiß es.

Ich merke, wie leichte Panik in mir aufsteigt, und genehmige
mir noch einen kräftigen Schluck Wein.

Irgendwie sind die Kids heute mit allem ungefähr zwei Jahre
früher dran als wir damals. Wenn die Entwicklung so weitergeht,
werden Sophies Kinder, meine Enkelkinder, wahrscheinlich schon
mit acht sturmfreie Bude fordern und Sophie mit fünfundvierzig
ins Austragshäusel abschieben. Geschieht ihr nur recht.

Ich geh mal schnell mit meinem Handy ins Bad und google
kurz: Ja, wenn die Kids alle bei mir im Haus Party machen, habe

ich die »erweiterte« Aufsichtspflicht. Außer ich habe klar gesagt, es gibt keine Aufsicht, dann müssen die Eltern selbst auf ihre Kids aufpassen. Aber das ist ja wahrscheinlich nicht im Sinne von Sophie, dass zwar ich weg bin – dafür aber alle anderen Eltern anwesend.

Ich geh mal auf den Balkon eine rauchen.

Ich habe vor drei Jahren damit aufgehört.

Ich rufe den neuen Mann an meiner Seite an. Ich möchte einfach, dass mich jemand beruhigt und mir sagt, dass ich gerade etwas durchdrehe und mich jetzt besser auf dieser Party hier entspannen sollte. Nach dreimal klingeln geht der Mann ran und lacht sich halb tot, als ich ihm meine Bedenken auseinandersetze.

»Weißt du, was ich mit fünfzehn mit den Mädels gemacht hätte, wenn ich sturmfreie Bude gehabt hätte?«

Ich weiß es nicht. Aber ich kann es mir vorstellen. Sie erinnern sich: Er war in einem früheren Leben Skilehrer. Das sagt wohl alles.

Ich höre ihn weiter kichern.

Er hat einen etwas seltsamen Humor. Ziemlich schwarz. Das mag ich eigentlich an ihm. Alle Frauen wollen doch immer einen Mann mit Humor. Steht ganz oben auf der Wunschliste, wenn man Kontaktanzeigen von Frauen durchforstet.

Jetzt hab ich so einen. Verdammt.

Aber dann sagt er noch, alles halb so wild, wird schon schiefgehen. Die Kids heute sind doch alle aufgeklärt.

Ja. Sind sie.

Sophie geht allerdings auf ausdrücklichen Wunsch ihres Vaters auf eine Waldorfschule. Es könnte sein, dass die eventuell selbst gefilzte Kondome verwenden.

139

Ich trinke noch einen großen Schluck Wein.

Das Problem ist:

1. Ich schreibe, was bedeutet, ich habe eine blühende Fantasie.
2. Ich war in meiner eigenen Pubertät unfassbar dämlich und unfassbar wild.
3. Mir ist es bis heute ein Rätsel, wie meine Eltern meine Pubertät überlebt haben. Mir ist auch ein Rätsel, wie ich sie überlebt habe.
4. Ich kenne alle Tricks und Kniffe – bilde ich mir zumindest ein. Auch von den Jungs, die versuchen, auf einer Party ein Mädel rumzukriegen.

Was soll ich bloß tun?

Ich kann jetzt echt nicht nach Hause, Sophie würde mich umbringen. Nichts wäre peinlicher als das. Für sie. Und für mich.

Ich bin doch keine von diesen Helikopter-Müttern.

Oder doch?

Um mich zu beruhigen, gehe ich in Larissas Gästezimmer. Ich brauche mal einen Moment für mich. Und ich brauche ein paar Momente, um zu bemerken, dass ich nicht alleine im Gästezimmer bin. Mitten unter den dort auf dem Bett abgelegten Mänteln tummelt sich ein Paar. Und die beiden sind nicht mehr ganz angezogen und nur halb von den Mänteln verdeckt. Vorsichtig trete ich den geordneten Rückzug an.

Ich hoffe, die haben mich nicht bemerkt.

Der Rest des Abends verschwimmt im Nebel.

Aber ich halte durch und bin wie verabredet erst um Punkt zwölf zu Hause. Dort treffe ich auf eine Gruppe Mädels im Pyjama, die alte Folgen *GNTM* gucken. Die Jungs sind offensichtlich schon lange weg.

Es war wohl furchtbar langweilig mit denen.

Soweit ich es beurteilen kann, ist keines der Mädchen schwanger – und niemand liegt im Alkohol-Koma. Die einzige Betrunkene hier bin ich.

Larissa ruft mich übrigens am nächsten Morgen an. Weshalb ich denn so früh nach Hause gegangen sei. Als ich weg war, ging die Party wohl erst richtig los. Die Polizei ist zweimal wegen Ruhestörung angerückt, und Sandra und Bernd lassen sich jetzt scheiden, da Sandra Bernd auf der Party mit Andrea erwischt hat. Mitten in den Mänteln im Gästezimmer.

Ich kann mich des Gedankens nicht erwehren:

Irgendwie waren wir früher wilder.

Männer an den Herd!

Hier geht es, wie man aufgrund des Titels unschwer ahnen kann, um Männer und Haushalt – und dies ist daher ein ganz besonderes Kapitel. Im Grunde genommen ist es nicht nur ein Kapitel, ein ganzes Buch könnte ich darüber schreiben. Ach was, ganze Bücherregale ließen sich zweifelsohne mit dem Thema füllen. Aber es wäre wohl auf Dauer etwas langweilig, denn es würde sich thematisch immer wiederholen.

Vorsichtig ausgedrückt: Die meisten Männer, die ich kenne, haben es nicht so mit dem Haushalt. Die meisten Männer, die meine Freundinnen kennen, haben es auch nicht so mit dem Haushalt. Und die meisten Männer, die ich nicht kenne, haben es auch nicht so mit dem Haushalt.

Ich habe allerdings gehört, bei der jüngeren Männergeneration sind in dieser Hinsicht tektonische Verschiebungen im Gange, und ich muss sagen, ich sehe das auch ab und an bei jungen Paaren. Also ich meine, ich sehe da ab und an einen jüngeren Mann, der nicht der Meinung ist, dass ihn Haushalt irgendwie nichts angeht, weil sich die Wäsche ja sowieso von alleine wäscht, während der Kühlschrank am Herd kocht.

Aber ich bin leider als Frau zu alt, um von diesen jüngeren Männern profitieren zu können. Ich hoffe aber sehr, meine Tochter hat mal was davon. Ich meine von der Haushaltsemanzipation der Männer. Die sollte schon stattfinden, bevor der amerikanische Kontinent mit dem afrikanischen zusammenstößt.

Interessanterweise tausche ich mich über das Thema Haushalt und Männer schon seit ewigen Zeiten mit meinen Freundinnen aus. Immer wieder und in immer neuen Varianten. Also seit ich das erste Mal mit einem Mann zusammengezogen bin.

Und dabei – das muss ich gnadenlos sagen – ist es egal, ob man als Paar oder als WG zusammenwohnt. Das Trauerspiel ist immer ungefähr gleich.

Frauen rätseln schon seit Jahrhunderten, woran das liegt, dass Männer einfach keine besondere Affinität zum Haushalt entwickeln, und es gibt von mir und meinen Freundinnen einige Theorieansätze dazu:

A. Liegt es an den Genen? Ist es einfach angeboren? Tja, wenn dem so wäre, hätten wir Frauen im Moment noch Pech. Die Genforscher sind einfach noch nicht so weit, um schnell mal ein fehlendes Staubsaugergen in die DNA eines Mannes einbauen zu können. Aber es gibt Hoffnung – schließlich gibt es auch schon genmanipulierten Mais und genmanipulierte Mäuse. Das wird schon, Schwestern, das wird schon.

B. Sind die Mütter schuld? Erziehen sie ihre Jungs falsch? Oder gar nicht? Ich hab ja nur ein Mädchen, also ich bin fein raus. Und Mütter machen sowieso immer alles falsch. Warum nicht auch das?

C. Ist es die Gesellschaft? Kleben wir immer noch an alten Modellen? War es in der Steinzeit anders? Oder muss es in der Neuzeit anders sein? Oder haben wir irgendwann nicht nur polnische

Putzfrauen, sondern auch amerikanische Roboter, und Hausarbeit wird somit für alle obsolet?

D. Ist es einfach die Bequemlichkeit? Warum soll man überhaupt putzen? Wer sagt das? Auf dem Sofa liegen und Pizza essen ist eindeutig bequemer. Da muss ich den Männern recht geben. Ganz klar.

E. Oder sind es gar wir Frauen selbst, die zu wenig einfordern und, bevor wir endlose Diskussionen führen müssen, einfach alles schnell selbst erledigen?

F. Ist es das völlig andere Schmutzempfinden? Frauen greifen beim Anblick von Schmutz nach dem Putzlappen. Männer sehen den Dreck einfach nicht. Die haben eine sogenannte Schmutzblindheit. Ist wie Farbenblindheit und die haben auch nur Männer. Was nun wieder für die Gene sprechen würde.

Ach. Es ist nicht so einfach. Und es gibt auch keine einfachen Lösungen. Also zumindest haben ich und meine Freundinnen noch keine gefunden.

Ich persönlich tippe ja auf das Zusammenspiel von mehreren Faktoren.

Neulich war übrigens der neue Mann an meiner Seite mal wieder hier. Es gab was Kleines zu essen. Nur was Kaltes. Ich koche ja sonst schon ständig.

Ich bin übrigens stolze Besitzerin einer offenen Küche. Das hat wie alles im Leben Vor- und Nachteile. Vorteil ist, ich stehe nicht mehr alleine in der Küche. Nachteil ist, ich stehe nicht mehr alleine in der Küche und fühle mich dauernd verpflichtet, sofort alles aufzuräumen und abzuspülen, weil ich es nur im fast komatösen Zustand angenehm finde, fünf Meter neben Stapeln von fettigem Geschirr Fernsehen zu schauen. Nun wird meine Tochter bestätigen, dass ich abends ab sechs öfter in leicht komatösem Zustand bin. Und das nicht wegen Alkohol. Meine Tage sind einfach manchmal länger als meine Energie.

An diesem Abend vor Kurzem war jedenfalls der neue Mann an meiner Seite da, und ich ging an den Kühlschrank und holte etwas zu essen raus. Das macht der Kühlschrank jetzt noch nicht von alleine, dass er Brote schmiert. Der neue Mann an meiner Seite folgte mir unauffällig in die Küche.

Das war der Moment, als er auf die Ceranplatte auf dem Herd blickte. Dieser Blick kam mir seltsam und irgendwie vertraut vor. Ich bemerkte, wie er scharf stellte. Und während ich den Käse aus dem Kühlschrank holte, holte sich der neue Mann an meiner Seite einfach so den Schwamm aus der Spüle und begann das Ceranfeld sauber zu machen. Professionell.

Und ich muss zu meiner Verteidigung sagen, ich hatte das Ceranfeld am Vormittag geputzt und seitdem nicht gekocht. Der Mann fing also an zu wischen und zu wienern. »Es hat zu viele Streifen. Da ist immer noch Fett drauf. Das brennt sich ein. Du musst dafür Küchenrolle nehmen.« Sagte er, schnappte sich die Küchenrolle und putzte weiter. »Und nicht im Kreis reiben! Sondern so!« Erklärte er und wischte von oben nach unten und von unten nach oben.

Ich stand daneben und war sprachlos, eine Mischung aus fasziniert und gelähmt. Ich wisch da immer irgendwie. Hauptsache gewischt.

Aber siehe da! Mein Ceranfeld erstrahlte streifenfrei im neuen Glanz. Der neue Mann an meiner Seite ist eindeutig Meister Proper.

»Du könntest auch am Schluss noch mal mit einem Glasreiniger drübergehen – so für extra Glanz. Mach ich manchmal.«

Und er machte einen letzten Wischer.

Das Ceranfeld funkelte geradezu.

Mir bleibt der Mund offen stehen. Glasreiniger für Extraglanz.

Der Mann ist ein Mann. Ziemlich eindeutig. Und überhaupt ziemlich Mann.

Ich brauchte etwas, um mich zu erholen. Das ist wirklich passiert und nicht frei erfunden. Ich schwör.

Also genetische Gründe für Putzallergie bei Männern kann ich wohl eindeutig ausschließen.

Und ich muss gar nicht mehr neidisch sein auf die Frauen, die die jüngeren, mehr haushaltsaffinen Männer abbekommen werden.

Offensichtlich können auch Männer, die jenseits der fünfundzwanzig sind, glänzen. Aber sollten wir jemals zusammenziehen, komme ich putzmäßig mit ihm sicher unter Zugzwang. Ich habe mir auf alle Fälle jetzt schon mal Meister Proper besorgt.

Kann ja nicht schaden, wenn man immer so einen zu Hause hat und nicht nur ab und zu.

Männer in Strumpfhosen

Heutzutage denkt man sich ja manchmal als Frau, dass Mutter Natur bei den Menschen irgendwie ein Fehler unterlaufen ist. Besonders dann, wenn man sich gerade mal wieder eine halbe Stunde geschminkt hat, bevor man sich als Frau überhaupt aus dem Haus traut und gerade beim Friseur 133,00 Euro ausgegeben hat, damit man hinterher genauso aussieht wie vorher. Wir Frauen cremen, färben, stöckeln, kaufen, machen und tun, um uns den Männern möglichst im vorteilhaften Licht zu präsentieren.

Frau sein kann sich des Öfteren ganz schön aufwendig und teuer gestalten. Wenn ich mein Geld in Aktien statt in Make-Up gesteckt hätte, wäre meine Rente wohl sicher. Obwohl wir natürlich das schöne Geschlecht sind, tun wir Frauen meistens ziemlich viel, um einfach noch schöner zu werden.

Dabei ist es im Tierreich bei vielen Tierarten genau andersrum. Da sind die Männchen das schönere Geschlecht. Der Pfau hat sein Rad, der Löwen seine Mähne, Hirsche haben die Geweihe und die Paviane ihren Po.

Während die Weibchen dieser Tierarten eher unauffällig durch die Gegend laufen, sind die Männchen doch sehr bemüht, mehr aus sich zu machen. Auch wenn man dafür offensichtlich ein paar Unannehmlichkeiten in Kauf nehmen muss.

Jede Frau, die schon mal beim Friseur unter einer Haube gesessen hat, kann sich genau vorstellen, wie sich ein Löwe in Afrika unter seiner dicken Mähne fühlt. Wer schön sein will, muss eben leiden. Auch in Afrika.

Aber bei den Menschen ist es nun mal so, dass im Normalfall wir Frauen eindeutig mehr Aufwand betreiben, um gut auszusehen und Männer anzulocken. Auch wenn die Jungs natürlich inzwischen langsam versuchen gleichzuziehen.

Ich hab gehört, es gibt mittlerweile sogar schon Sixpack-Implantate für diejenigen, die bei der Gleichberechtigung ganz vorne mit dabei sein wollen.

Aber mal ehrlich, bis die Männer in diesem Bereich mit uns auf einer Höhe liegen, wird es noch ewig dauern.

Als ich allerdings vor Kurzem mal wieder in London war, ist mir klar geworden, dass ich einfach nur im falschen Zeitalter lebe. In der National Portrait Gallery hängen ein paar Selfies von Königen und Adligen. Natürlich gab es damals noch keine echten Selfies mit Handy, aber ich denke, Sinn und Zweck ist ziemlich ähnlich. Gut aussehen, seinen Status darstellen und damit andere beeindrucken. Snapchat früher eben. Nur die Likes fehlten damals, aber da war es ja wohl auch egal, was die Untertanen so über einen dachten.

Unfassbar in jedem Fall, was die Männer damals so getragen haben. Samt und Seide, Schmuck ohne Ende und Strumpfhosen in allen Farben des Regenbogens. Darüber aufgebauschte Hotpants, da würde Beyoncé erblassen. Sicher, auch die adligen Damen waren entsprechend ausstaffiert, aber man könnte nicht sagen, dass die Männer großartig hinterherhinkten. Die Jungs trugen über den Strumpfhosen dann eine Zeit lang wohl auch noch so was wie Peniskapseln – ich empfehle, sich davon selbst ein Bild zu machen. Das kann man echt schlecht beschreiben, ohne ordinär zu wirken.

Wenn ich mir das alles so anschaue, bin ich ganz froh, dass Männer nicht mehr in Strumpfhosen rumlaufen und im Normalfall auch nicht länger im Bad brauchen als ich selbst. Auch der neue Mann an meiner Seite ist da völlig unauffällig. Hose, T-Shirt, Hemd – das passt. Und ansonsten Wasser, Seife, Deo und Schwamm drüber. Alles bestens beim neuen Mann an meiner Seite. Mehr will ich gar nicht. Und schon gar nicht, dass er sich an meinen Strumpfhosen vergreift.

Ich weiß jetzt nicht, wie es Ihnen geht, aber ich hab schon ganz gerne einen Mann, der keine Strumpfhosen trägt. Ich bin da doch etwas konservativ.

Allerdings ist mir neulich etwas aufgefallen. Die letzten zwei-, dreimal, als der neue Mann an meiner Seite hier war, war die Dose mit meiner Anti-Falten-Creme im Bad eindeutig leerer. Ich würde sogar sagen, da fehlte fast die Hälfte. Ich bin ja eigentlich nicht kleinlich, aber die Dose kostet so knapp über 50 Euro.

Natürlich gibt es einen Teil in meinem Gehirn, der theoretisch weiß, dass so eine Creme keine Wunder bewirkt, aber ab und zu muss die Hoffnung einfach mal über die Vernunft siegen.

Und ich gebe zu bedenken: Auch eine Reduzierung der Faltentiefe um 0,0003 Millimeter ist schließlich eine Reduzierung.

Meine Tochter vergreift sich sicher nicht an meiner Creme. Erstens besitzt sie mittlerweile selbst genügend Töpfchen und Tiegel, um sofort eine Parfümerie und Drogerie hier im Haus eröffnen zu können, und zweitens findet sie meine Cremes so omamäßig, da hätte sie sicher Angst, sie bekommt Falten, wenn sie sich was davon auf die Haut schmiert.

Und der Hund kann es ja schlecht gewesen sein, der kriegt den Deckel nicht auf, hat sich in jüngeren Jahren aber durchaus gerne und oft futtertechnisch an den seltsamsten Sachen in diesem Haushalt vergangen.

Es bleibt also zurzeit hier im Haus eindeutig nur einer übrig, der für den Cremeschwund verantwortlich sein kann: der neue Mann an meiner Seite.

Aber was mach ich bloß? Ich trau mich nicht, ihn zu fragen. Auch Männer über fünfzig brauchen ihre kleinen Geheimnisse.

Aber das mit der Creme, das ist komisch. Und auffallend. Und teuer. Wenn das so weitergeht, muss ich meinen Kosmetiketat aufstocken.

Schließlich halte ich es einfach nicht mehr aus.

Als wir beim Abendessen sitzen, rutscht es mir raus: »Du? Benutzt du eigentlich ab und zu meine Anti-Falten-Creme?«

Es klingt furchtbar blöd. Erstens gebe ich mit dieser Frage zu, dass ich so was nötig habe, zweitens beschuldige ich ihn, und drittens wirke ich irgendwie kleinlich. Verdammt.

Er schaut mich über die Reste der Pizza hinweg vollkommen unschuldig an.

Das ist einer dieser Momente, bei denen ich das Gefühl habe, dass Frauen innerhalb einer Millisekunde einhundert Gedanken – und leider ziemlich sinnlose – durch den Kopf schießen, während Männer sich gar nichts denken.

»Nö, wieso? Wie kommst du denn da drauf? Ich benutze gar keine Creme. Und gibt's noch ein Stück Pizza?«

Er wird nicht rot. Er wird nicht verlegen. Liege ich also doch völlig falsch? Beschuldige ich ihn zu Unrecht? Wie peinlich!

Oder ist er einfach nur ein Superlügner?

Das kann ich mir jetzt nicht vorstellen.

Vielleicht sollte ich doch meine Tochter fragen? Man weiß ja bei Teenagern nie so ganz genau, was gerade in ist. Das kann sich minütlich ändern. Vielleicht hat irgendein YouTube-Sternchen mit einer Haut wie Honig die gleiche Creme benutzt und damit bei ihren fünf Millionen Followern – inklusive meiner Tochter – einen Hype ausgelöst.

Egal.

Ich schiebe dem neuen Mann an meiner Seite noch ein Stück Pizza rüber. Und der fragt mich, während er mampft: »Ach, meinst du die Dose, die im Bad rumsteht? Diese pink-lila?«

»Ja?«

Ertappt! Er benutzt tatsächlich meine Anti-Falten-Creme. Unfassbar!

Und dann schluckt der Mann den Rest der Pizza runter und meint: »Sorry, ich hab's vergessen dir zu sagen. Ich war da mal kurz dran, ich hatte kein Schmierfett für die Kette dabei, als ich dein Fahrrad repariert habe, da hab ich das genommen. War doch okay, oder?«

Ich starre ihn eine Sekunde irritiert an.

Mein Fahrrad läuft übrigens wieder wie eine Eins, seit er das Ding repariert hat.

Was will man mehr?

»Ja, kein Problem.«

Das Fahrrad fühlt sich jetzt bestimmt sehr verjüngt und bekommt in nächster Zeit garantiert keine Falten, tröste ich mich.

Und der neue Mann an meiner Seite ist ein echter Mann. Nix Pfau. Nur Waschlappen, kaltes Wasser und Schwamm drüber. Und ab und zu etwas Deo

Und sicher nie Strumpfhosen. Gott sei Dank!

153

Das schwache Geschlecht

Es ist schon etwas länger her, da wurde ich zu einem ganz besonderen Männerabend eingeladen.

Ja, ja, schon klar, ich bin eine Frau und werde nie und niemals auf einen echten Männerabend eingeladen. So mit echten Kerlen, mit heftig Saufen und Striptease und Schulterklopfen. Schnief. Außer ich mache den Striptease – dann vielleicht.

Aber dafür bin ich jetzt leider zu alt.

Ich habe nur meine Mädelsabende, die finde ich auch toll, und das mit dem Alkohol kriegen wir Mädels mindestens genauso gut hin, und ausziehen tun wir uns ja sowieso ständig.

Also kein Grund, allzu neidisch auf einen Männerabend zu sein.

Der Männerabend, auf den ich eingeladen wurde, war natürlich auch kein richtiger Männerabend, sondern ein Elternabend an Sophies Schule, bei dem es um das Thema »Jungs« und »Männer« und um das männliche Geschlecht an und für sich ging.

Sophies Schule ist – das muss man wissen – bei Elternabenden ganz besonders streng. Sie finden so alle sechs Wochen statt, Anwesenheit ist Pflicht, und wer von den Eltern nicht kommen kann, braucht ein ärztliches Attest. Bei dreimal Fehlen gibt es einen Verweis. Die Schule kennt da bei Eltern kein Pardon.

Man muss dabei wissen, dass diesem besonderen Elternabend eine Zeit lang eine gewisse Verhaltensauffälligkeit der Jungs in Sophies Klasse vorausgegangen war.

Die Jungs kamen öfter mal zu spät, manche auch gar nicht, Hausaufgaben wurden als theoretische eventuelle Möglichkeit betrachtet und quasi nie gemacht, und kleine Unterschiede in der Meinung wurden gerne mal mit vollem Körpereinsatz direkt im Unterricht ausgetragen. Und auch sonst hatten sich die Jungs in Sophies Klasse in der Zeit vor dem Elternabend wie richtige Jungs zu Beginn der Pubertät benommen.

Nämlich gar nicht.

Während die Mädchen in der Klasse – inklusive meiner Tochter – sich natürlich wie immer benahmen. Sie waren fleißig in der Schule, aufmerksam den Lehrkräften gegenüber, die Hausaufgaben wurden pünktlich und perfekt abgeliefert, und kleinere Meinungsverschiedenheiten wurden mit netten fiesen Hinterhältigkeiten, bösen Bemerkungen und fetten Bitchfights ausgetragen, wobei der körperliche Einsatz im Unterricht sich darauf beschränkte, eine noch knappere Shorts als die Banknachbarin zu tragen und das Dekolleté beim gleichzeitigen Einsatz eines Pushups noch tiefer zu ziehen. Bauchfrei war damals bei den Mädels auch sehr beliebt und reichte bei einigen der Girls vom Scheitel bis in die Schamgegend. Eben der sanfte und kaum merkliche Beginn der Pubertät bei Mädchen.

Die Mädchen waren eben auch nicht das Problem.

Deshalb waren diesmal nicht nur alle Eltern sowie Sophies Klassenlehrer anwesend, sondern auch ein Psychologe.

Der Psychologe erklärte den anwesenden Eltern dann, dass es um die Jungs und Männer heutzutage nicht gut bestellt sei.

Und zwar gar nicht gut.

Und dass daher alle Probleme rührten, die die Jungs in Sophies Klasse so gerne machten.

Ich war sehr aufmerksam, in der Schule soll man ja immer was Neues lernen. Nur die für meinen Po etwas zu kleinen Stühle störten ein wenig, weshalb ich nicht weiß, ob ich wirklich alles mitbekommen habe, was der Psychologe so über Männer und Jungs erzählte:

- Männer sind viel öfter krank als Frauen (ein Schnupfen wirft sie völlig aus der Bahn und führt sie schnell an den Rand des Grabes).
- Männer trinken mehr Alkohol (leuchtet mir ein, das Wort Bierbauch bezieht sich daher auch in der Hauptsache auf Männer – Frauen sind, wenn sie so einen Bauch vor sich hertragen, im Normalfall eher schwanger, aber es empfiehlt sich dringend, bei einer Frau mit Bauch nie nachzufragen, ob da Bier oder Baby drin ist).
- Männer werden eher arbeitslos.
- Männer schuften sich, wenn sie nicht gerade arbeitslos sind, gerne zu Tode.
- Männer sind öfter obdachlos als Frauen (Wohnungslose sind zu 75 Prozent Männer).
- Die Selbstmordrate ist bei Männern in allen Altersgruppen dreimal so hoch wie bei Frauen.
- Und dann sterben Männer durchschnittlich auch noch fünf Jahre früher als Frauen

Traurig, traurig das alles. Ich war einen Moment geschockt. Mir war gar nicht klar, dass es dem männlichen Geschlecht so schlecht geht. Ich mag Männer. Ich mag sie sogar sehr. Manche von ihnen liebe ich regelrecht.

Ich will nicht, dass es ihnen schlecht geht.

Also ich bin ja in der Generation der Frauenemanzipation aufgewachsen, wo uns Frauen immer erzählt worden ist, uns als Frauen würde es ganz furchtbar schlecht gehen.

Und jetzt das!

Mein ganzes Weltbild schwankte.

Die armen Männer!

Da können die noch so sehr auf harte Kerle machen – Whiskey saufen, nach halbnackten Mädels an der Stange gieren und sich gegenseitig mit Schmackes auf die Schulter klopfen; nach diesem Männerabend glaub ich denen kein Wort mehr.

Alles nur Show.

In Wahrheit sind die Männer das schwache Geschlecht.

Aber wussten wir Frauen das nicht eigentlich schon immer?

Männerschnupfen

Sollte der Mann an Ihrer Seite sich jemals – Gott bewahre – einen Schnupfen einfangen, dann greifen Sie SOFORT zu folgenden lebensrettenden Maßnahmen:

- Legen Sie ihn im Wohnzimmer auf die Couch. Er wird es nicht mehr bis ins Schlafzimmer schaffen, und Männerschnupfen führt zu verstärktem Schnarchen. Sie müssen in einer solchen Krisensituation auch an sich denken. Nur wer sich selbst hilft, kann langfristig auch anderen nahestehenden Personen helfen!

- Schicken Sie jemanden – die Kleinkinder, die Großmutter mit Rollator, die netten Nachbarn – in der Zwischenzeit in die nächste Apotheke und besorgen Sie jedes Medikament, das gegen Männerschnupfen auf dem Markt ist. Scheuen Sie dabei keine Ausgaben, auch wenn es bedeutet, dass Sie und die Kinder im nächsten Monat von Brot und Wasser leben müssen. Dass die Kassen sich weigern, diese Art von Medikamenten zu bezahlen, ist ein Skandal.

- Rufen Sie sofort den Arzt seines Vertrauens an und flehen Sie auf Knien um einen Hausbesuch.

- Sollte der Arzt eine Ärztin sein und sich daher weigern zu kommen, rufen Sie den Notarzt – die müssen vorbeikommen, denen bleibt nichts anderes übrig.

- Sollten Sie zufällig einen Rollstuhl im Haus haben und einen Van besitzen, können Sie auch versuchen, selbst den vom Männerschnupfen betroffenen Mann direkt unter Missachtung aller Verkehrsregeln in das nächste Krankenhaus zu bringen.

- Besser ist es allerdings, Sie suchen sich Ihren Wohnort gleich so aus, dass ein Krankenhaus nicht allzu weit entfernt ist.

- Rufen Sie seine Mutter an und bitten sie um eine Standleitung für Ratschläge. Auch wenn Sie Ihre Schwiegermutter ansonsten nicht so mögen – in diesem Fall werden Sie ihr noch lange dankbar sein.

- Kochen Sie nebenher eine stärkende und wärmende Hühnerbrühe aus mindestens vier Biohühnern und vergessen Sie dabei nicht, zwei Ingwerscheibchen hinzuzufügen – Ingwer wirkt antibakteriell und schleimlösend.

- Diverse Kaschmirschals und Wärmflaschen sollten zu der Standardausrüstung jedes Haushalts gehören, in dem ein Mann sich länger als zehn Minuten aufhält.

- Besorgen Sie sich Netflix, Amazon Prime, iTunes oder einen anderen Streamingdienst. Nicht für den Mann, der ist zu schwach zum Gucken, aber Sie werden dringend Ablenkung brauchen.

- Legen Sie ihm einen intravenösen Zugang, wenn Sie eine Ausbildung zur Krankenschwester, Tierärztin o. Ä. haben.

- Haben Sie diese Art von Ausbildung nicht, ziehen Sie dennoch ein Krankenschwesterkostüm an. Das gibt es bei Amazon schon für 12,95 Euro – sitzt zwar grauenhaft und ist aus 175 Prozent Polyester, erfüllt aber trotzdem vollkommen seinen Zweck. (Ich habe schon von Spontanheilungen in Verbindung mit einem derartigen Kostüm gehört – allerdings ist dabei die Rückfallquote wohl auch sehr hoch.)

- Rufen Sie 110 oder 112, wenn alle vorher genannten Maßnahmen nicht greifen.

Sollte sich der betroffene Mann allerdings schon länger – eventuell schon zu lange – in Ihrem Besitz befinden, fahren Sie beim ersten Anzeichen von Männerschnupfen sofort in einen mehrtägigen Urlaub und lassen Sie Mutter Natur den Rest erledigen.

Nicht nichts

Neulich saß ich mit dem neuen Mann an meiner Seite beim Italiener um die Ecke. Nichts Besonderes, Pizza und Pasta schnell mal während der Woche, und am Nebentisch saß ein etwas jüngeres Paar, das schon bei der Nachspeise angekommen war und schweigend sein Tiramisu verschlang.

Der neue Mann an meiner Seite verschwand mal kurz in Richtung Waschraum. Da saß ich nun alleine, starrte die Speisekarte weiterhin an, schwankte zwischen Spaghetti Carbonara und Scampi und überlegte aus Verlegenheit – und um die Zeit zu überbrücken –, endlich mal auf dem Handy zu googeln, ob Fische eigentlich pupsen können. In dem Moment beendete die Frau am Nebentisch das Dessert und das Schweigen mit einem der klassischsten aller klassischen Sätze zwischen Mann und Frau:

»An was denkst du gerade, Schatz?«
»Nichts.«
»Was heißt hier nichts? Man kann nicht an nichts denken.«
»Doch.«
»Du denkst an was. Du willst es nur nicht zugeben.«
»Nein. Ich denke an nichts.«

Der Blick der Frau wurde etwas finster. Ich versuchte, so zu tun, als würde ich nicht voller Interesse zuhören, und gab vor, angestrengt auf meinem Handy rumzutippen.

»Du denkst an Sarah, die wir gestern auf der Party getroffen haben. Und an ihren viel zu tiefen Ausschnitt. Der war fast schon ordinär. Ich hab deinen Blick gesehen. Du hast den ganzen Abend versucht, so zu tun, als würdest du nicht hinschauen.«

»Quatsch.«

»Du kannst es ruhig zugeben.«

»Ich würde es zugeben, wenn da was zum Zugeben wäre, aber da ist nichts.«

»Wir sind schon wieder bei dem nichts. Nichts gibt es nicht. Also sag schon, an was hast du gedacht?«

»Nichts. Das hab ich doch gesagt.«

»Es gibt kein Nichts.«

Die Frau legte den Löffel nieder und starrte den Mann an.

»Okay. Ich hab an das Fußballspiel heute Abend gedacht. Ich hoffe, wir sind rechtzeitig zur zweiten Halbzeit zu Hause.«

»Du lügst.«

»Ich lüge nicht.«

»Du hast an was gedacht, was du mir nicht sagen willst.«

»Ich habe an nichts gedacht, aber das willst du ja nicht.«

»Du hast an eine andere Frau gedacht.«

»Hab ich aber nicht.«

»Schon wieder nicht. Oder nichts. Lass das.«

»Ich denke an keine andere Frau.«

»Tust du doch.«

»Warum sollte ich?«

»Warum sagst du mir nicht die Wahrheit?«

»Ich habe dir die Wahrheit gesagt.«

»Ha! Denke nicht an einen rosa Elefanten!«

164

Der Mann schüttelte den Kopf.

»An was hast du jetzt gedacht?«

»An einen rosa Elefanten.«

»Also siehst du, man kann nicht an nichts denken.«

»Ich schon.«

»Du hast eine Geliebte.«

»Nein.«

»Du könntest mir ruhig die Wahrheit sagen. Ich würde das verstehen. Ich würde dir das noch nicht mal übel nehmen. Unsere Beziehung war in letzter Zeit nicht sehr gut, und ich habe das Gefühl, dass wir uns nicht mehr so viel zu sagen haben.«

»Wieso das denn jetzt?«

»Na, du sagst doch selbst, du denkst an nichts.«

»Ja. Aber das heißt doch nicht, dass ich dir nichts mehr zu sagen habe.«

»Aber in jedem Fall sagst du mir nicht die Wahrheit. So kann man keine Beziehung führen.«

»Ich sage die Wahrheit.«

»Gut. Ein letzter Versuch. An was hast du vorhin gedacht?«

»Okay. Ich habe eine Geliebte. Und ich habe an sie gedacht.«

»Ich wusste es. Wir reden später zu Hause drüber. Du entschuldigst mich, ich muss kurz auf die Toilette. Mich beruhigen.«

Der Mann ließ langsam, gaaaanz langsam seinen Kopf auf den leeren Tiramisu-Teller sinken. Seine Augen wurden glasig, aber er atmete noch.

Die Gehirne von Männern und Frauen unterscheiden sich tatsächlich schon mal rein anatomisch. Wenn Männer sprechen, ist vor allem die linke Hirnhälfte aktiv. Bei Frauen arbeiten beim

Sprechen die linke und die rechte Gehirnhälfte zusammen. Das erklärt schon mal einiges.

Die Gehirne von Männern und Frauen sind übrigens auch unterschiedlich groß. Männer haben das etwas größere Gehirn, so um die zehn Prozent, wozu auch immer.

Selbst die Wissenschaft weiß das nicht so genau.

Aber ich habe da eine Theorie: Bei den Männern sind große leere Areale im Gehirn vorhanden, die viel Platz brauchen, damit sie an nichts denken können. Das stell ich mir eigentlich ganz spannend vor. Einfach mal an nichts denken. Wäre das nicht wunderbar?

In diesem Augenblick kam der neue Mann an meiner Seite zurück und setzte sich wieder. Ich legte schnell mein Handy weg. Er blickte mich kurz irritiert an.

»An was denkst du gerade? Du blickst so versonnen.«

»Ich? Ach, an nichts. Ich denke an nichts.«

»Gut. Dann können wir ja jetzt bestellen.«

Sagte er und rief den Kellner.

Reiche Männer

Am ersten Mai, am schönen Tag der Arbeit, fand in diesem Jahr eine sehr interessante Kommunikation zwischen mir und meiner Tochter statt.

Nun ist Sophie ja mittendrin in der Pubertät, und da ist man als Mutter durchaus froh, wenn überhaupt ein paar Wörter zwischen den Generationen gewechselt werden. Und noch froher ist man, wenn die Kommunikation irgendwie interessant ist und von ihrer Seite nicht nur aus »mmh«, »weiß nich«, »keine Ahnung«, »du bist echt peinlich« besteht.

Also ich kann von Glück sagen, dass Sophie wenigstens ab und an noch mit mir redet und nicht nur grunzt. Ich hätte sonst weitaus weniger gute Geschichten auf Lager, würde weniger verdienen und müsste irgendwann dann doch aufs Amt gehen.

Jedenfalls hatten wir an diesem ersten Mai gerade gefrühstückt, und ich freute mich auf einen wunderbaren arbeitsfreien Feiertag, als Sophie, die auf dem Sofa lag und mit ihrem Handy durch die WWWelt surfte, plötzlich sagte: »Also, ich würde echt gerne mal nach Bora Bora.«

Man muss dazu sagen, das Wetter war für den ersten Mai in diesem Jahr eine totale Katastrophe. Es war so, dass man beim ersten Blick nach draußen nicht sicher sein konnte, ob es nicht doch der erste November war und der Sommer in diesem Jahr komplett ausfallen würde. Und in der Woche davor hatte es sogar noch geschneit.

Ach! Bora Bora! Südsee! Vor meinem Auge tauchten auf der Stelle Palmen, Strände und türkisfarbenes Wasser auf. Ich will auch nach Bora Bora. Sofort und für die nächsten drei Monate.

Meine Tochter und ich, wir waren beide eindeutig sommersonnesehnsüchtig.

Und ich war wie immer etwas pragmatisch. Lag vielleicht auch am Tag der Arbeit, der natürlich mir mehr sagte als meiner Tochter. Die kennt Arbeit bisher ja nur vom Hörensagen oder von lustigen Eintagespraktika, die sie von der Schule aus machen muss.

Also antworte ich darauf wie eine gute Mutter: »Ich würde auch gerne mal nach Bora Bora. Aber da müsste ich weitaus mehr Geld verdienen. Wahrscheinlich bräuchte ich mindestens einen Zweitjob. Oder noch einen dritten dazu. Bora Bora ist ziemlich weit weg, und daher ist alleine schon der Flug echt superteuer. Südsee eben, weiter geht kaum noch.« (Die Geografiekenntnisse meiner Tochter sind in einem bedauernswerten Zustand, ich nehme mal an, dass sie überhaupt nicht weiß, wo die Südsee ist, geschweige denn Bora Bora, auch wenn sie früher einen Globus im Kinderzimmer hatte.)

»Also Bora Bora ist jetzt echt zu teuer. Können wir uns nicht leisten.«

Aha. Mmmh. Schweigen vonseiten meiner Tochter. Ich war etwas erstaunt, normalerweise ernte ich ein genervtes »Du machst immer meine Träume kaputt«, wenn ich versuche, etwas Realität ins Spiel zu bringen.

Dabei finde ich es auch gemein. Also dass ich den Part mit der Realität übernehmen muss. Ich will auch gerne träumen. Leider bin ich momentan dafür zuständig, dass was zum Essen auf den Tisch kommt. Da ist man mit Träumen leider etwas zurückhaltender, das gebe ich zu.

Aber diesmal erntete ich nur Schweigen. Auch gut. Bora Bora ist in diesem Jahr gestrichen. Es wird doch wieder Griechenland. Keine endlose Diskussion. Kein »Aber die Alex, die fliegt mit ihren Eltern in diesem Jahr während der Sommerferien um die Welt, und Nikolai ist mit seinem Vater sechs Wochen auf Hawaii«. Schon klar, dass andere es immer besser haben und immer alles dürfen und meine Tochter das ärmste Mädchen auf der ganzen Welt ist. In jeder Hinsicht.

Und dann ist sie auch noch mit dieser Mutter geschlagen! Wirklich bedauernswert.

Meine Tochter koppelte ihr Gehirn weiter mit dem Handy.

Und dann kam plötzlich aus den Sofakissen noch mal die Stimme von Sophie.

»Also, ich hab mir überlegt, Mama, ich würde später gerne mal bei Brandy Melville arbeiten. Oder im dm-Markt.«

Arbeiten? Meine Tochter will gerne arbeiten? Mein Herz machte einen Luftsprung. Ich will sowieso, dass sie demnächst mal einen Ferienjob macht, dafür ist sie jetzt alt genug. Und wie schon gesagt, etwas Realität kann nicht schaden.

»Ich würde es klasse finden, wenn du mal fragst, ob du in den Ferien da jobben kannst. Macht bestimmt auch Spaß, und du verdienst ein bisschen Geld. Für den nächsten Urlaub.«

Für alle, die keine pubertierenden Töchter haben und daher nicht wissen, was Brandy Melville ist: Das ist ein Laden, der für Teenagermädchen ungefähr das ist, was für unsereins eine Stunde bei der Massage: der absolute Himmel auf Erden. Wenn man denn genügend Taschengeld und/oder nette Großeltern hat. Oder eben ab und an mal jobbt und eigenes Geld verdient.

169

Sophie tauchte aus dem Sofa auf und blickte mich irritiert an: »Nee. Ich will da nicht in den Ferien jobben. Ich will da später mal richtig arbeiten. Ich stell mir das echt nett vor.«

Sagte es und verschwand wieder in den Sofakissen.

Das sind die Momente, in denen ich erst mal tief Luft holen muss.

Um mich selbst zu beruhigen.

Bora Bora und dm-Markt.

Realität geht wohl anders. Ich will jetzt keinem Angestellten von dm zu nahe treten, aber ich schätze mal, Bora Bora ist auch da ein finanziell eher sehr weit entferntes Ferienziel.

Als ich entspannt einmal aus- und wieder eingeatmet hatte, ertappte ich mich dabei, wie ich ein spontanes Stoßgebet gen Himmel schickte: »Lieber Gott, ich bitte dich, hübsch ist sie ja, vielleicht könntest du ihr doch dann irgendwann mal einen reichen Mann schicken. Sonst wird das mit Bora Bora bestimmt etwas schwierig.«

Ich weiß, ich weiß, ich habe mich auch sofort gebührend für diesen Gedanken geschämt. Und mich beim lieben Gott dafür entschuldigt. Der hat ja nun echt anderes zu tun.

Wie konnte ich nur!

Außerdem bin ich der festen Überzeugung, dass Frauen, die einen Mann nur wegen seines Geldes heiraten, einen 24/7-Job an der Backe haben. Und der ist sicher nicht immer lustig.

Ich hab dann einfach zur Absolution noch ein paar Vaterunser gesprochen und ein weiteres Stoßgebet gen Himmel geschickt: »Lieber Herrgott, bitte hilf, dass die Pubertät bald vorbei ist … dann braucht sie auch keinen reichen Mann mehr, kann selbst genug verdienen, um nach Bora Bora zu reisen, und das mit den Geografiekenntnissen kriegt sie dann auch noch hin – hoffentlich.«

170

Und in den nächsten Ferien geht meine Tochter auf jeden Fall mal jobben. Egal wo. Etwas Realität kann nie schaden. Auch nicht bei der Suche nach einem reichen Mann.

Alles Schlampen außer Max

»Jana hat sich anflanken lassen.«

Sophie kommt heim und pfeffert ihren Rucksack in die Ecke.

Offensichtlich geht es hier nicht um Fußball, sonst wäre meine Tochter nicht so außer sich. Obwohl Sophie der Verehrung des runden Balls nicht grundsätzlich abgeneigt ist. Wir schauen auch gemeinsam mit Freunden die wichtigsten WM-Spiele, und ich versuche ihr immer wieder Abseits zu erklären, soweit ich das verstehe. Das mache ich alles zugegebenermaßen nur in der profanen Hoffnung auf einen Starfußballer als Schwiegersohn.

Ich muss in meinem Alter doch langsam an die Rente denken.

»Am Freitag, am Eisbach. Von so einem Typen aus der Zehnten.« Sophie redet einfach weiter.

Sie ist es gewohnt, dass ich nur Bahnhof verstehe. Stört nicht weiter, solange das Essen pünktlich auf dem Tisch steht. Was soll ich sagen? Ich bin alt, und ich kann die neue Foto-App auf meinem iPhone nicht richtig bedienen, wie soll ich da meine Tochter verstehen.

Und jetzt ist Max, der auf Jana schon seit Ewigkeiten steht, total enttäuscht und jammert rum: »Wie kann sie nur? Jana war immer das wahnsinnig hübsche unnahbare Mädchen, und jetzt knutscht sie mit einem Typen aus der Zehnten rum.«

Max ist offensichtlich außer sich.

Mindestens so wie Sophie: »Alle Jungs halten Jana jetzt für eine Schlampe. Und dabei hat sie den Jungen nur geküsst. Das ist ja gar nicht richtig anflanken. Das war einfach nur ein Kuss. Und deshalb ist sie noch lange keine Schlampe.«

Sophies Augen blitzen. Sie ist im Kampfmodus. Gut so. Meine Tochter ist eine Amazone.

Ich verstehe und stelle die Pasta auf den Tisch.

Also, Jana. Ich bitte dich!

Das geht gar nicht.

Sich einfach so anflanken zu lassen.

Jana ist also von der Heiligen, Angebeteten zur Schlampe mutiert.

Mit einem Kuss in einer Sommernacht.

Alle Jungs in Sophies Klasse reden anscheinend seit zwei Tagen nur noch über Jana.

Sophie lässt noch ein paar Einzelheiten raus.

Im männlichen Teil der Klasse herrscht helle Aufregung.

Mich wundert, dass Jana noch keinen scharlachroten Buchstaben tragen muss.

Es ist Sommer. Und Sophie hängt zurzeit mit vielen anderen Jungs und Mädchen aus München am Eisbach ab. Das ist so was wie die *passeggiata* auf einer Piazza in Italien – nur dass es dort, wenn überhaupt, nur schlechte Pizzas aus Kartons gibt und alle eher auf der Wiese liegen als flanieren.

Aber der Eisbach im Sommer dient dem gleichen Zweck wie ganz Italien: Er ist ein einziger Balzplatz. Also kein Bolzplatz, auch wenn dort Mädchen offensichtlich angeflankt werden. Was immer das auch heißen mag. Ich weiß das nicht, ich bin alt, und ich kann ja noch nicht mal mein Smartphone richtig bedienen.

Ich blicke Sophie an. Shorts. Top. Sneakers. Und meine Mutter würde sagen: bauchfrei.

Schon klar, dass so ziemlich alle Mädels in Sophies Alter so rumlaufen, dass das Wort Schlampe für den einen oder anderen Kleingeist nicht allzu weit entfernt scheint.

Sophie ist, was Kleidung betrifft, dank des positiven Einflusses ihrer Mutter relativ dezent und würde nie halb nackt aus dem Haus gehen. Warum auch, wenn viertel nackt vollkommen reicht, damit den Jungs die Augen aus dem Kopf fallen.

Aber das macht Mädchen noch lange nicht zu Schlampen.

Schlampen sind Mädchen und Frauen erst dann, wenn sie das Gleiche machen wie die Jungs.

Aber natürlich nicht, wenn sie das mit dem Jungen machen, der sie als Schlampe bezeichnet.

Wenn Jana denn mit Max geknutscht hätte, wäre sie wohl immer noch eine Heilige und hätte mittlerweile einen Glorienschein – je nachdem, wie gut der Kuss für Max war.

Es geht also gar nicht darum, dass Mädels küssen, sondern mit wem sie es tun.

Männer verstehen sich hervorragend auf binäres Denken. Plus – minus. Null – eins. Schwarz – weiß. Sex oder Sieben? Hure oder Heilige? Deshalb sind Männer so hervorragend mit Computern und manchmal nicht ganz so gut im Umgang mit Frauen.

»Und weißt du, Mama, was das Allergemeinste ist? Es gibt gar kein Wort für Schlampe bei Jungs. Und dabei machen die viel mehr rum als wir ...«

Ach ja? Und mit wem denn bitte? Das nur so ein kurzer Gedanke nebenbei.

Und ich musste Sophie leider korrigieren, es gibt selbstverständlich männliche Schlampen.

Sogar jede Menge. Mit einigen habe ich zusammengewohnt.

Ich habe in jungen Jahren mal etwas zu lange in Wohngemein-schaften gelebt. Da trifft man auf jede Menge Jungs, die ständig neue Teller und Tassen benutzen, und kaum sind die gebraucht, werden die eiskalt und völlig gefühllos ins Waschbecken fallen ge-lassen, nie wieder beachtet, egal, wie benutzt sie sich auch fühlen, und neue müssen her. In manchen Nächten wurde die ganze Kü-che mit ein paar Kumpels flachgelegt, das Badezimmer wurde mit feuchten Küssen übersät, und im Flur wurden gnadenlos die Wände betatscht, bis die Jungs im Vollrausch endlich in ihr Zim-mer gefunden haben.

Also ich persönlich habe in dieser Zeit einige der größten männ-lichen Schlampen kennengelernt. Und es war sehr schwer, die Wohnung wenigstens ab und an wieder in einen halbwegs jung-fräulichen Zustand zu versetzen.

Und dann gebe ich Sophie noch einen Rat für Jana, sich selbst und die anderen Mädels. Für die Dinge, für die es noch keine Worte gibt, kann man neue Worte erfinden. Machen die ja sowieso stän-dig. Und wer »anflanken« erfinden kann, findet sicher ein nettes Wort für männliche Schlampen oder für Jungs, die Mädchen als »Schlampen« bezeichnen. Wie wär's mit »Vollidiot«?

Schniepel-Piepel-Neid

Ich muss gestehen: Ich bin ganz furchtbar neidisch auf Männer.

Es ist jetzt für mich nicht ganz so einfach, das zuzugeben – und dann auch noch schriftlich. Schließlich ist Neid ein Gefühl, das man im Allgemeinen nicht so gerne hat.

Neid hat so was Grüngelbes an sich, wie etwas, das schon mal gegessen wurde. Niemand gibt gerne zu, dass er so was hat. Das ist schlimmer als Popel an der Nase.

Aber ich tue das jetzt hiermit. Ganz offiziell.

Ich bin neidisch auf Männer.

So. Jetzt ist es raus.

Es gibt ja diese Theorie unter den Psychoanalytikern (das sind diese Psychologen, die angeblich direkt von Freud abstammen), dass Frauen neidisch auf den Schniepel des Mannes sind. Also Freud selbst hat diese Idee erfunden. Vielleicht lagen zu viele Damen auf seiner Couch und blickten versonnen auf seinen Schritt. Vielleicht taten sie das aber auch nur deswegen, weil er des Öfteren vergessen hatte, seinen Hosenlatz zuzumachen – und jetzt haben wir Frauen den Salat.

Also nix gegen Freud und die Psychoanalyse, aber mir persönlich hat diese Theorie des Penisneids nie so richtig eingeleuchtet. Aber wir Frauen sollen ja auch laut Freud ganz unbewusst neidisch sein. Das heißt dann: Auch wenn ich denke, ich bin nicht neidisch, bin ich es doch, da ich ja gar nicht weiß, dass ich das denke. »Ällerbätsch«, sag ich dazu nur – guter Trick der Psychoanalyse.

Logisch, dass diese Theorie nur ein Mann erfinden konnte.

Zur Ehrenrettung der Psychologie muss man sagen, die Theorie ist mittlerweile durchaus umstritten.

Ich persönlich bin bewusst ganz froh, dass ich keinen Schniepel mein Eigen nenne. Ich stelle mir das eher etwas unpraktisch vor. Ich sag nur: Fahrrad fahren oder rechts oder links tragen? Alles nicht so einfach, kann ich mir vorstellen.

Und dann wird man auch noch von dem Ding ab und zu vollkommen beherrscht. Zumindest behaupten das einige Männer. Manchmal ist das aber vielleicht auch nur eine Ausrede, und in Wirklichkeit kann der arme Schniepel gar nichts dafür, und der Mann ist selbst vollumfänglich verantwortlich für den Scheiß und die fünf unehelichen Kinder.

Ich bin jedenfalls mit meiner Vollausstattung als Frau rundherum zufrieden. Und gar nicht neidisch. Zumindest nicht auf den Schniepel

Aber es gibt etwas, worum ich Männer wirklich zutiefst beneide – und das ist ihr Schlaf.

Oder um es genauer zu sagen: Männer pennen immer. Wann und wo und wie sie wollen. Im Stehen. Im Sitzen. Im Flieger. Vor dem Fernseher. Im Supermarkt. Vor dem Sex. Beim Sex. Nach dem Sex. Am Küchentisch. In der Schule. Im Büro. Im Bett und auf dem Boden.

Männer können einfach immer und überall schlafen. In jeder Position. Unter jeden Umständen. Bei jeder Temperatur. Bei jeder

Helligkeit. Bei jedem Lärm. In jeder Krise und bei jedem Problem.

Ich schätze, es gibt sogar Männer, die können nackt in der Antarktis auf einem Bein schlafen, während neben ihnen ein Presslufthammer Löcher in das Eis bohrt und ihre dritte Frau sich gerade von ihnen scheiden lässt.

Alles kein Problem für einen Mann.

Es ist einfach unfassbar.

Und unfassbar ungerecht.

Jede Frau, die schon einmal in ihrem Leben geflogen ist und dabei neben einem wildfremden Mann saß, kann bestätigen, dass die Wahrscheinlichkeit, dass der Typ nicht nur sofort die Armlehne voll in Beschlag nimmt, sondern auch zu schnarchen anfängt, sobald die Räder nicht mehr den Boden berühren, ungefähr bei 235 Prozent liegt.

Frauen schlafen im Flugzeug äußerst selten. Und das liegt nicht nur daran, dass sie von Natur aus eitel sind und wissen, dass niemand vorteilhaft aussieht, wenn sein Mund leicht offen steht und ihm ein kleiner Spuckefaden langsam am Kinn runterläuft.

Nein.

Frauen schlafen grundsätzlich anders als Männer. Und meistens erheblich schlechter.

Neulich war mein Vater bei uns zu Besuch.

Und siehe da, abends vorm Fernseher schlief er ein. Nun kenne ich meinen Vater ja schon länger, und seit ich ihn kenne, schläft er vorm Fernseher ein. Er schwört hoch und heilig, es liegt nicht am Programm. Er schläft dabei nie lange, aber es reicht ihm, um frisch und munter in die nächste Runde gehen zu können. Aber diesmal hat sogar er mich verblüfft. Er schlief nämlich nicht nur, sondern saß dabei auf dem Sofa und hatte die Hände lässig und entspannt hinter dem Kopf verschränkt. Dabei lief auch noch ein Fußballspiel. Aber es war gerade Halbzeit. So schlief er tief und fest, bis die Halbzeit zu Ende war. Pünktlich wachte mein Vater auf, frisch und erholt, und es ging weiter mit Real Madrid gegen Atlético.

Powernapping sozusagen.

Ich war vor Neid ganz grün im Gesicht.

Ich würde einiges darum geben, so schlafen zu können. Wenn eine Geschlechtsumwandlung mir das ermöglichen würde, könnte es sein, dass ich in Versuchung komme, doch noch ein Mann zu werden.

Was hab ich in meinem Leben schon schlecht geschlafen.

Ich – und fast alle Frauen, die ich kenne – brauche zum Schlafen ganz besondere Voraussetzungen. Ich will hier nur einige nennen, es würde sonst den Rahmen dieses Buches sprengen:

- Kein Kaffee nach achtzehn Uhr
- Kräutertee am Abend wäre wünschenswert, wird von mir aber gerne durch ein Glas Rotwein ersetzt
- Lieblingsschlaf-T-Shirt anziehen
- Ein Glas frisches Wasser neben dem Bett
- Vorher unbedingt noch mal auf die Toilette
- Schlafmaske in greifbarer Nähe
- Boxspringbett ist optimal, im Notfall geht auch eine Latexmatratze
- Plastik im Bett in Form vom Kaltschaum o. Ä. geht gar nicht
- Irgendwas vorm Einschlafen lesen, was so langweilig ist, dass ich fünf Jahre für die ersten fünf Seiten brauche (wobei ich mich über ein so langweiliges Buch dann dermaßen aufrege, dass das auch nicht wirklich geht)

- Auf gar keinen Fall einen Horrorfilm oder sonst einen gruseligen Film vor dem Einschlafen; Krimi geht begrenzt, wenn es nicht zu blutig wird
- To-do-Liste mental vor achtzehn Uhr abarbeiten, am besten alles aufschreiben (alter Trick der Psychologen; funktioniert aber leider bei mir als berufstätige Mutter nicht, ich würde sonst bis drei Uhr nachts über dieser Liste brüten und wäre immer noch nicht fertig)

Ich könnte mit dieser Aufzählung endlos fortfahren. Schlafen ist keine einfache Sache für eine Frau.

Der neue Mann an meiner Seite braucht übrigens zum Schlafen wie fast alle Männer vor allem eins: nichts.

Er pennt einfach. Egal wie. Egal wo.

Während bei mir vor dem Einschlafen – und manchmal auch noch während des Schlafs selbst – der Punk im Kopf abgeht, haben Männer anscheinend einen Ausschaltknopf im Gehirn.

Und nein, der befindet sich nicht am Schniepel-Piepel.

Männer denken nur kurz: »müde«, und peng! Schon sind sie weg. Im Schlummerland. Völlig losgelöst.

Beneidenswert.

Aber ich habe etwas festgestellt: Wenn der neue Mann an meiner Seite mich in den Arm nimmt, bevor er einpennt, kann auch ich ganz wunderbar einschlafen. Egal in welcher Position. Egal bei welcher Temperatur. Egal auf welchem Bett.

Gute Männer schlafen eben nicht nur gut, sondern sind auch das beste Schlafmittel überhaupt.

Zumindest so lange, bis sie anfangen zu schnarchen. Aber das ist wieder eine andere Geschichte.

Ruhe sanft

»Grrrrrhh ... rröööööcccchhhhhllllllll ... Stöhhhhhn ... Grrrrrrrrrh ... Hhhhhhhhhhhhrrrrrrrrrrrrrooooooohhhhhh ... Schlappschlappschlappschlapp ...«

Das »Schlappschlapp« ist die Oberlippe, die, immer wieder sanft vom Atem auf und ab bewegt, ganz leicht an die Vorderzähne schlägt.

Ich habe das im Schein meines Handys beobachtet.

»Grrrrhhhh ... rrrrööööööööchhel ... Öhhhhhhhhhn ... Hhhhhhhhhrrrrrrooooooooohhhhhh ... RRRRRRRRrrrrrrrhhhhhh ...«

Es ist 2.03 Uhr.

Ich nehme ganz vorsichtig und sachte mein Kopfkissen und lege es ihm über Mund und Nase, ein energischer Druck, ein heftiges Zucken – mit etwas Gegenwehr war ja zu rechnen –, schschhh, nur für ein paar Momente. Dann ist alles vorbei.

Dann herrscht endlich Ruhe.

Süße Ruhe.

Stille.

Schweigen.

»GRRRRRHHHHHHHH ... RÖÖÖÖÖÖÖÖÖÖÖRRRRRR RRRSCHHSCHSCHHHH ...

Grrrrrhh … rröööchel. Stöhhhhhn. Grrrrrrrrh … Hhhhhhhhhhhrrrrrrrrrrrroooooooohhhhhh …«

Ich hege Mordgedanken. Dabei mag ich den neuen Mann an meiner Seite sehr.

Zumindest tagsüber.

In der Nacht möchte ich ihn umbringen.

Das heißt, natürlich nicht während der ganzen Nacht, nur wenn er schläft und ich deshalb nicht schlafen kann.

Jede Frau, die jemals einen Schnarcher im Bett hatte, weiß, was ich meine. Tagsüber können diese Männer die absoluten Traummänner sein, aber in der Nacht sind sie ein einziger Albtraum.

Nur mal so nebenher: Mich würde interessieren, ob Ryan Gosling auch schnarcht. Man müsste seine Frau mal diesbezüglich interviewen. Das wäre meiner Meinung nach endlich einmal wirklich investigativer Journalismus und würde mich männermäßig etwas beruhigen.

Wenn man übrigens »Schnarchen« bei Google eingibt, kommen 1,6 Millionen Treffer. Das sagt was aus über den Zustand der Nächte in deutschen Betten. Da sieht es nicht gut aus, gar nicht gut.

Laut einer Studie liegt der Anteil der Schnarcher unter der männlichen Bevölkerung bei über 60 Prozent, wobei 36 Prozent davon als laute Schnarcher eingestuft werden.

Das macht so grob überschlagen in Deutschland 10,8 Millionen Schnarcher, davon ungefähr 6,5 Millionen im Dezibelbereich eines startenden Flugzeugs.

Ein Wunder, dass überhaupt noch irgendeine Frau ein Auge zumacht. In ganz Deutschland röhrt und röchelt es des Nachts.

Da mir gerade sowieso kein Schlaf vergönnt ist (RRRRHHHÖCHELSCHNURPS), kann ich auch gleich aufstehen. Ich gehe mal kurz an meinen Computer – der ist ja immer da und tröstet einen auch mitten in der Nacht mit jeder Menge seltsamen Informationen.

Ich kann öfter mal nicht schlafen. Das liegt nicht nur an dem schnarchenden Mann. In solchen Nächten klicke ich mich manchmal durch das gesamte Netz. Ich hüpfe von Homepage zu Homepage und lande bei den erstaunlichsten Informationen. Sachen gibt es, die gibt's gar nicht. Dinge, über die ich mir vorher noch nie Gedanken gemacht habe, ploppen nachts vor mir auf, und mein Geist beschäftigt sich mit Themen wie »Männer mit drei Brustwarzen« oder wie viele Implantate angeblich Kim Kardashians Hintern geformt haben.

Es ist wirklich interessant, ich nenne das meine kleine Internetüberraschungsreise. Ich gebe zu, bei Tageslicht würde ich nie zugeben, dass ich nachts heimlich auf den niveaulosesten Seiten der WWWelt unterwegs bin – aber jede Frau braucht eben ihre kleinen Geheimnisse. Ich kann diese kleine Reise um die ganze Welt schlaflosen Frauen unbedingt empfehlen.

Wenn ich dann genügend Antworten bekommen habe auf die Frage »Welcher Prominachwuchs saß wegen Drogenkonsums am längsten im Knast?« oder auch das zweiundzwanzigste Käsekuchenrezept durchgelesen habe, dann kann ich mich beruhigt wieder meinen eigenen Problemfeldern zuwenden. Ganz so schlimm wie das im Internet Gelesene kann das eigene Leben nun wirklich nicht sein.

Zum Schluss statte ich dem Kühlschrank noch einen kurzen Besuch ab, und dann kann ich mich meist wieder in Morpheus Arme legen. Wenn ich mich denn nicht in die Arme des neuen Mannes an meiner Seite legen kann. Wenn der Mann da ist, ist das www mit all seinen unsinnigen Informationen manchmal einfach nicht groß genug, um mich müde genug zu machen. Das heißt, müde genug bin ich ja, aber er ist einfach nicht immer ruhig genug.

Das Einzige, was helfen würde, wäre wahrscheinlich eine Behandlung mit dem Holzhammer, entweder bei ihm oder von mir aus auch bei mir. Mittlerweile ist mir das vollkommen egal, Hauptsache ich kann in die Bewusstlosigkeit abtauchen.

Leider muss ich sagen, ich kenne das Problem schon von meinem Exmann. Grauenvoll. Aber bei 60 Prozent Schnarchern unter der männlichen Bevölkerung ist die Wahrscheinlichkeit, immer mal wieder bei einem zu landen, ziemlich hoch. Leider.

Aber sonst haben die beiden Männer wirklich nichts gemeinsam. Außer dieselbe Frau natürlich.

Ich bin mittlerweile übrigens bestens informiert – das Netz und die Nacht machen es möglich. Es gibt ganz verschiedene Schnarchtypen. Den nasalen Schnarcher, den Zungenschnarcher, den Mundschnarcher. Und dann gibt es noch den neuen Mann an meiner Seite. Ich kann mir nicht vorstellen, dass diese Art von Schnarchen schon wissenschaftlich erfasst worden ist.

Angeblich soll man, sobald man identifiziert hat, welcher Schnarchtyp einem nachts den Schlaf raubt, das richtige Mittel dagegen finden.

Ein Zungenschnarcher braucht etwas vollkommen anderes als ein Nasenschnarcher. Ist doch einleuchtend, oder?

Übrigens muss ich hier unbedingt die Beschreibung des Geräuschs, das ein Nasenschnarcher macht, wiedergeben: »Das Schnarchgeräusch ist ein gleichmäßiges, flatteriges oder rumpelndes, grunzendes Geräusch. Es kann sich jedoch auch anhören, als würde ein Wasserkessel pfeifen.«

Das nenne ich wahre Poesie. Dem ist von meiner Seite her nichts mehr hinzuzufügen.

Als ich jünger war, war das Problem übrigens nicht ganz so ausgeprägt. Ich nehme mal an, da war mein Schlaf einfach tiefer, unbeschwerter.

Mit zunehmendem Alter wird der Schlaf immer leichter, wobei man als Frau den Wert von einer ruhigen Nacht wesentlich mehr zu schätzen weiß. Die optischen Auswirkungen einer schlaflosen Nacht zeigen sich von Jahr zu Jahr deutlicher. Mit Mitte zwanzig sieht man am nächsten Morgen noch herrlich verrucht aus. Ich sehe inzwischen allerdings eher aus wie mein Kopfkissen, mindestens so zerknittert und genauso blass.

Als ich jünger war, war das Schlafen neben einem Mann sekundär. Jetzt ist es – fast – primär. Ich meine das richtige Schlafen. Tief und fest im Schlummerland.

Weich wegdämmern, an nichts mehr denken, gegebenenfalls noch nicht mal träumen.

»Grrrrrhh … rröööchel. Stöhhhhhn. Grrrrrrrrrh … Hhhhhhhhhhhhrrrrrrrrrrrrrooooooooohhhhhhh …«

Ich liege wieder im Bett. Aber an träumen oder gar schlafen ist nicht zu denken. Aber ich habe ja mittlerweile durchaus Erfahrung mit schnarchenden Männern. Älter werden kann also auch von Vorteil sein.

Das mit dem Kissen über seinem Gesicht vergessen wir mal. Das ist nicht wirklich praktikabel. Stattdessen kicke ich einmal beherzt mit meinem Fuß gegen sein Schienbein. Kann ja mal passieren, so mitten im Schlaf.

Seit ich ein Kleinkind in meinem Bett hatte, weiß ich, wie es ist, wenn mitten in der Nacht mit voller Wucht Arme, Hände oder Füße auf einen einschlagen, während der andere seelenruhig weiterschläft. Davon muss er jetzt doch wach werden.

Pustekuchen. Als Antwort kommt ein weiteres tiefes Röcheln.

Dann eins, zwei, drei, vier, fünf Sekunden unheimliche Stille. Der Mann atmet nicht mehr. So fest habe ich doch gar nicht zugetreten. Hilfe!

Ich muss den Notarzt rufen. Wie geht Wiederbelebung? Kurz bevor ich mich aufsetze, um es mit Herzmassage zu versuchen, holt er tief Luft.

Okay. Das kenne ich eigentlich auch schon von meinem Ex. Ein paar Sekunden Ruhe. Dann geht alles wieder von vorne los.

Im Schlaf sind alle Männer gleich. Nicht im Bett. Das sicher nicht. Aber wenn sie denn mal pennen – ein einziges Röchelkonzert.

Und ich dachte eigentlich, ich hätte das alles schon hinter mich gebracht.

Was habe ich in meinem Leben nicht schon alles gegen das Schnarchen eines Mannes neben mir unternommen!

Alkohol für ihn – macht das Schnarchen nur noch schlimmer.

Alkohol für mich – um alles zu vergessen, führt leider nur zu einem noch leichteren Schlaf und auch noch Kopfweh am nächsten Tag.

Ohropax – geht gar nicht, ich fühle mich uralt und wie taub, aber das Schnarchen höre ich erstaunlicherweise immer noch.

So ein Kinnhalter aus der Apotheke. Mann kann ja nur mit offenem Mund schlafen, mit geschlossenem ist das anscheinend nicht möglich, wobei ich sicher bin, dass es Männer gibt, die selbst das mit links hinbekommen. Ich weiß, das sieht nicht schön aus – an keinem Mann –, und ist der Liebe daher auch etwas abträglich, aber wer schlafen will, muss leiden. Mein Ex hat sich übrigens geweigert, das Ding anzuziehen, ich habe es mir irgendwann über die Ohren gezogen, hat leider nicht funktioniert.

188

Meiner Erfahrung nach gibt es nur eine einzige wirklich wirksame Lösung für das Schnarchproblem:

Getrennte Schlafzimmer. Dann herrscht endlich Ruhe.

Aber ich wohne ja noch nicht mal mit dem neuen Mann zusammen. Deshalb verbringen wir die meiste Zeit sowieso schon in getrennten Wohnungen. Da wäre es jetzt wohl etwas seltsam, getrennte Schlafzimmer vorzuschlagen.

Eine Freundin von mir hat mal aus lauter Verzweiflung ihrem Mann nachts die Kinnlade mit Klebeband festgeklebt. Sie hat in der Nacht wunderbar geschlafen. Aber am nächsten Morgen ging das Band kaum noch ab, und als ihr Mann es dann endlich runterhatte, hingen jede Menge Barthaare und kleine Hautfetzen daran. Es hat Monate gedauert, bis er ihr das verziehen hatte.

Aber die beiden sind noch verheiratet. Manche Menschen sind einfach füreinander bestimmt.

Ich jedenfalls schlafe dann endlich so gegen fünf Uhr wieder ein. Schnarchen hin, Schnarchen her. Ich bin so müde, ich fühle mich wie tot. Vielleicht bin ich es auch.

Einige Stunden später werde ich ziemlich gerädert wach.

Es duftet nach Kaffee und frischen Brötchen.

Ist der neue Mann an meiner Seite nicht wunderbar?

Ich schlurfe runter zum Frühstücken. Ein Blick in den Spiegel zeigt mir, dass ich aussehe wie eine zerrupfte Eule – aber egal. Es gibt sogar frisch gepressten Orangensaft. Ich liebe ihn. Den Orangensaft und vielleicht auch den Mann.

Nach einem wunderbaren Kuss mache ich es mir am schön gedeckten Tisch gemütlich.

»Das sieht ja alles großartig aus. Danke, Schatz! Wie lange bist du denn schon wach?« Ich strahle den neuen Mann an meiner

Seite an, soweit ich dazu gerade in der Lage bin. Er ist echt ein Schatz!

Und er macht es sich mir gegenüber am Frühstückstich gemütlich, beißt in sein Brötchen und meint dann etwas müde:

»Schon so seit fünf Uhr. Ich konnte nicht mehr schlafen. Es war einfach viel zu laut. Tut mir echt leid, dass ich dir das jetzt so sagen muss, aber, Schatz, du schnarchst.«

Was sagt man dazu?

Frühe Sünden

Ich mag Männer. Grundsätzlich und überhaupt. Aber manche Männer stellen besonders im Sommer meine Zuneigung zu ihrem Geschlecht sehr hart auf die Probe.

Es ist die Zeit, in der die ersten warmen Sonnenstrahlen die ersten Männer mit Socken in Sandalen auf die Straßen und in die Fußgängerzonen locken.

Während wir Frauen uns im Sommer gerne bunte Kleidchen, kurze Röcke und flatternde Blusen überwerfen. Auch das muss nicht immer vorteilhaft sein, aber Socken in Sandalen sind es nie und nimmer.

Ich kenne keine einzige Frau, die Socken in Sandalen gut findet. Trotzdem tragen manche Männer diese aparte Kombi immer wieder gern. Der Anblick ist wirklich erschreckend, da ja die meisten weißen Socken übergangslos in ebenso bleiche behaarte Beine übergehen, die in kurzen Hosen stecken.

Wahrscheinlich machen die Männer das nur, um uns Frauen zu ärgern.

Seit Jahren denke ich, dass die Träger dieser modischen Zumutung eigentlich langsam aussterben müssten, denn ich halte die Kombination von Socken und Sandalen für das beste Verhütungsmittel überhaupt, aber anscheinend wachsen immer neue nach.

Keine Ahnung, wie die sich vermehren.

Die sind wie Unkraut. Aber muss das wirklich sein? Kann man das nicht einfach verbieten? Vielleicht sollte ich im nächsten Frühjahr eine Petition einreichen bei Change.org. Ich bin sicher, sehr viele Frauen würden da unterschreiben. Diese Männer mit den Socken in den Sandalen sind übrigens nur äußerst selten in Begleitung einer Frau anzutreffen.

Ich denke, das hat die verschiedensten Gründe:

A.

Frauen versuchen normalerweise, die schlimmsten Kleidungssünden bei Männern zu verhindern. Ich habe Freundinnen, die für 149,00 Euro neu erstandene Hemden mit Blumenmuster aus Versehen bei 200 Grad in die Waschmaschine stecken.

B.

Socken mit Sandalen schrecken Frauen ab. Vielleicht tragen manche Männer das genau aus diesem Grund. Nicht jeder Mann will ja gerne von einer Frau ausgeführt werden, und manche Männer mögen gar keine Frauen. Noch nicht mal Männer. Also homosexuellen Männern würde so ein modischer Fauxpas sowieso nie unterlaufen.

C.

Wenn der eigene Mann diese Kombination gerne öffentlich trägt, haben die dazugehörigen Frauen gerne einen spontanen Migräneanfall, der genau so lange andauert, bis die Temperaturen wieder unter null fallen.

Man sieht, ich habe mich mit dem Thema Männerfüße in Socken ausgiebig auseinandergesetzt. Aber wie ich neulich feststellen musste, bin ich selbst im fortgeschrittenen Alter noch nicht alt genug, um nicht etwas Neues dazuzulernen.

Der neue Mann an meiner Seite kennt mich ja noch nicht allzu lange. So gibt es immer wieder etwas Neues zu entdecken. So wie neulich an einem verregneten Sonntagnachmittag. Da kam der neue Mann an meiner Seite auf den Gedanken, sich ein paar alte Fotos von mir anzusehen. Ich behauptete, alle diese Fotos wären beim großen Brand von 1989 Opfer der Flammen geworden, und seither hätte ich aus lauter Kummer keine neuen Fotos von mir und was auch immer geschossen.

Der neue Mann an meiner Seite durchschaute allerdings meine List und bestand darauf, dass ich die Schuhkartons mit den Fotos aus dem Keller holte.

Und so saßen wir dann da und betrachteten völlig analog mein jüngeres Ich. Ich wurde jünger und jünger – ich habe die Fotos halbwegs geordnet –, und dann entdeckte ich mich mit Socken in Sandalen. Sommer 1979. Da war ich im Alter von ... ach, ist doch egal, wie alt ich da war. Das muss nun wirklich nicht jeder wissen. Tut ja nix zur Sache. Aber ich muss zugeben, ich war da kein Kleinkind mehr und damit wohl vollumfänglich verantwortlich für meine Garderobe.

O weh und ach!

Socken in Sandalen sind in keinem Alter verzeihlich. Ich blickte völlig ungläubig auf das Bild und versuchte es heimlich in meinen Hosenbund zu stopfen. Der neue Mann an meiner Seite sollte davon nicht traumatisiert werden. Schließlich hatte ich ihm erst vor Kurzem nach einem lauen Sommertag gesagt, dass ich mich auf der Stelle und ohne Erklärung von ihm trennen würde, sollte er jemals Socken mit Sandalen tragen.

(Das war vielleicht etwas vorschnell. Wenn er das jetzt irgendwann wirklich macht, muss ich das durchziehen. Ich will ja nicht als Weichei in der Beziehung gelten.)

Was mache ich, wenn er sich jetzt von *mir* trennt? Gibt es für Socken in Sandalen eigentlich so was wie Verjährung?

Was bin ich froh, dass ich noch aus der analogen Zeit stamme und die Dokumente meiner modischen Verwirrungen einfach verbrennen, aufessen oder im Klo runterspülen kann. Versuchen Sie das mal bei Facebook – no way.

Leider war ich nicht sehr geschickt darin, das Foto verschwinden zu lassen. Könnte eventuell vielleicht daran liegen, dass die Hose etwas zu eng saß. Jedenfalls bemerkte der neue Mann an meiner Seite, dass ich etwas zu verbergen hatte.

»Was für ein Foto hast du da in der Hand? Zeig her!«

»Nein!«

»Wieso nicht?«

»Ist nicht von mir!«

»Ich will es trotzdem sehen!«

»Nie im Leben!«

»Gib her!«

»Kommt nicht infrage!«

Der neue Mann an meiner Seite hatte genug vom Quatschen und versuchte, mir das Foto einfach zu entwinden. Ich wehrte mich mit Händen und Füßen. Wir lagen auf dem Boden und rangelten wie zwei Sechsjährige.

In diesem Augenblick kam Sophie rein.

»Was macht ihr denn da?«

Ich richtete mich mit hochrotem Kopf wieder auf. Hoffentlich dachte Sophie jetzt nicht, sie hätte uns bei etwas erwischt, bei dem sie uns nicht erwischen sollte.

»Nichts!«, sagte ich atemlos.

Und leider gedankenlos.

»Nichts« ist bei Teenagern und generell bei Kindern die blödeste Antwort, die man als Eltern überhaupt geben kann. Denn »Nichts« heißt nichts anderes als »Nichts, was dich angeht«. Und nichts finden Kinder und Teenies so interessant wie Dinge, die sie garantiert nichts angehen.

Der neue Mann an meiner Seite nutzte die einmalige Gelegenheit, entwand mir schnell das Foto und konnte sich vor Lachen nicht mehr halten.

Sophie steuerte sofort zielstrebig auf uns zu und wollte wissen, was es da zu lachen gab.

Ich versuchte noch nach dem Foto zu hechten, war aber zu langsam und hatte gegen die zwei sowieso keine Chance.

Sophie blickte auf das Foto und sagte bewundernd: »Voll cool, Mama. Ich wusste gar nicht, dass du mal so eine Stylerin warst.«

Der neue Mann an meiner Seite hörte schlagartig auf zu lachen.

Sophie nahm ihm das Foto aus der Hand.

»Sieht wirklich super aus. Fast wie Pernille Teisbaek. Damit würdest du sofort fotografiert werden. Echt der Hammer.«

Der Hammer. Ich war der Hammer. In Socken und Sandalen. Sommer 1979.

Und dann klärte Sophie mich und den neuen Mann an meiner Seite auf: Socken und Sandalen sind total in bei den Bloggern. Die tragen Badelatschen aus Plastik für 936,00 Euro mit dicken selbst gestrickten Socken im Sommer. Sieht fast so aus wie ich 1979. Ich fass es nicht. Ich war »in« – noch bevor ich das überhaupt wusste.

Und ich nehme alles zurück, was ich je über Socken und Sandalen gesagt habe. Dem neuen Mann an meiner Seite habe ich allerdings davon abgeraten, allzu »in« sein zu wollen, wenn er

Wert darauf legt, dass wir weiterhin etwas miteinander zu tun haben.

Sophie wird das Foto von mir in den Socken übrigens auf Instagram stellen. Ich bin sehr gespannt, wie viele Likes ich bekomme.

Selfies und Strangies

Als ich den neuen Mann an meiner Seite noch nicht so lange kannte, wie ich ihn jetzt kenne – also ganz am Anfang –, hat er mich einmal so richtig geschockt.

Mittlerweile hat er mich schon mehrfach geschockt, aber jetzt bin ich ja dran gewöhnt. Ich meine an den Mann und an die Dinge an ihm, die für mich manchmal etwas seltsam sind.

Immer, wenn ich etwas Neues an ihm entdecke, das ich seltsam finde, tröste ich mich mit folgendem Gedanken: Ich kann mich ja eigentlich darüber freuen, dass ich in meinem fortgeschrittenen Alter überhaupt noch mal mit einem Mann ganz von vorne anfangen kann.

Alles auf Anfang. Super! Genauso habe ich mir mein Leben früher vorgestellt. Immer aufregend. Immer anders. Immer neu.

Was gibt es also zu jammern?

Nur leider sehnt sich mein Ü-50-Ich manchmal doch eher nach Beständigkeit, nach gemeinsam alt werden und auf der Couch rumgammeln, aber das darf ich auf keinen Fall zugeben, wo ich doch eine Frau in den besten Jahren bin.

Aber nun zum eigentlichen Thema:

Durch meine fünfzehnjährige Tochter wähne ich mich normalerweise allen mit mir ungefähr Gleichaltrigen ohne Teenager-

Direktkontakt haushoch überlegen, was moderne Sprache, Technik, Mode oder Ähnliches betrifft.

Ich bin durch Sophie immer up to date, direkt am Puls der Zeit sozusagen. Ob ich will oder nicht. Ich mache zwar nicht alles mit, aber kriege alles mit. Zumindest fast alles. Oder zumindest bilde ich mir das ein.

Egal ob es darum geht, welche Sneakers gerade in sind, oder um die Frage, welche Apps und Handys zu benutzen sind, wenn man kein vollkommener Idiot sein will. Dass ich in den Augen meiner Tochter immer total uncool bis vollkommen idiotisch sein werde, egal, welche Sneakers ich trage oder welches Handy ich benutze, ist natürlich klar.

Man gewöhnt sich als Mutter an so ziemlich alles. Anders überlebt man diese Phase ja nicht.

Nun, meine Tochter ist in jedem Fall ganz vorne. Und ich hechele zwar hinterher, bin aber auch noch ganz gut dabei. Wobei ich mir die Glücks-Sneaker tragen verkneife. Aber man kann sich als Mutter einfach nicht komplett abhängen lassen. Schon gar nicht in technischer Hinsicht. Wie soll ich denn meine Tochter 24/7 überwachen, wenn ich gar nicht weiß, wie so eine GPS-Ortungs-App funktioniert? Und wie soll ich wissen, was sie so denkt, wenn ich nicht mal in der Lage bin, den Sperrcode an ihrem Handy zu knacken?

Nun gut, am Knacken von ihrem Sperrcode arbeite ich noch.

Ich bin mit Sophie schon durch einige Höhen und Tiefen der modernen Technik marschiert. Ich kann mich noch gut erinnern, wie ich ihr klarmachen musste, dass die netten Jungs im Internet, mit denen sie so gerne Bilder austauschen wollte, nicht immer unbedingt nette Jungs sind, sondern – wenn es nicht gut läuft – eher ältere Herren mit sehr finsteren Absichten.

198

Auf jeden Fall gibt es für Sophie ein komplettes Foto-Austausch-Verbot mit Leuten, die sie nicht persönlich kennt. Ich musste ihr leider auch erklären, dass »persönlich« nicht bedeutet, dass derjenige online der Freund eines Freundes einer Freundin ist, die einen Bekannten kennt, der eine Bekannte hat, deren Freund derjenige ist, den Sophie zu kennen glaubt.

Sophie ist einfach Generation Online, die haben es nicht so mit der wirklichen Welt. Manchmal habe ich fast den Verdacht, dass für meine Tochter etwas nicht wirklich existiert, wenn es nicht online ist.

Also Fotos werden nur mit Leuten getauscht, die nachgewiesenermaßen in der realen Welt leben und denen man zumindest schon mal Guten Tag gesagt hat. Das begrenzt die Auswahl zwar etwas, was Sophie aber nicht daran hindert, täglich ungefähr zweimillionendreihundertvierundneuzigtausendfünfhunderteinundzwanzig Selfies zu schießen.

Seit ein paar Jahren sind Selfies bei Sophie das A und O. Kein Tag vergeht ohne Selfies. Selfies morgens, mittags, abends. Selfies vor dem Spiegel. Sefies beim Zähneputzen. Selfies beim Schuhanziehen. Selfies beim Schuhausziehen. Selfies hier. Selfies da. Der einzige Ort, von dem sie keine Selfie verschickt, ist die Toilette. Hoffe ich doch.

Und natürlich gibt's hier nicht nur Selfies. Hier gibt es auch WhatsApp. Ich muss zugeben, dass meine Tochter mich als Erstes darauf gebracht hat. Und mir einen Minifamilienchat eingerichtet hat, noch bevor ich überhaupt wusste, dass so was wie WhatsApp überhaupt existiert.

Ich bin ihr dankbar.

Mittlerweile bin ich natürlich nicht nur ein alter Hase, sondern auch ein alter WhatsApp-Hase. Und habe festgestellt, dass dadurch auch die Kommunikation mit Männern heutzutage besser klappt.

Pling!

Wie schön ist dieses Geräusch, wenn man gerade neu mit einem Mann was am Laufen hat.

Pling! Pling! Er denkt an mich!

Pling! Ich denk an ihn!

Pling! Was macht er so?

Pling! Mir geht es gut.

Pling! Pling! Pling!

Ich mag das, wenn's pling! macht. Noch mehr mag ich es, wenn es pling! macht und die Nachricht von dem neuen Mann an meiner Seite ist.

Man hat des Gefühl, immer in Kontakt zu sein, selbst wenn man sich auf unterschiedlichen Planeten befindet.

Und so geht es auch ständig munter hin und her.

Pling! Pling!! Pling!!! Ich hab ihn sogar mal während des Spaziergangs mit dem Hund geplingt!

Ganz modern. Ganz up to date. Sophie soll es bloß nicht mehr wagen, zu behaupten, ich hätte keine Ahnung von gar nichts und mein neues iPhone wäre an mich vollkommen verschwendet, da ich ja sowieso nicht wüsste, wie man das Ding benutzt.

Doch! Ich weiß es und ich benutze es!

Pling!

Ist das nicht großartig! Und dann blickte ich auf mein Handy in Erwartung einer neuen Nachricht und erstarrte mitten im Schritt. Der Hund war im Gebüsch beschäftigt und ich mit meinem Handy. Es war keine Nachricht, die von dem neuen Mann an meiner Seite kam, es war ein Foto.

200

Ein Foto von ihm. Um es genauer zu sagen: Es war ein Selfie. Ein Selfie!!!

Man sieht das ja sehr genau mittlerweile, ob ein Foto von jemand anderem aufgenommen wurde oder von der Person selbst.

Das eine ist ein Selfie, das andere ist ein Strangie.

Wenigstens machte er nicht diesen »Pout«, diese Schnute, diesen Forellen-/Goldfischmund, der bei Selfies von Kim Kardashian und meiner Tochter und ihren Freundinnen äußert beliebt ist.

Wenn jemals künftige Generationen Fotos von unserer Zeit ausgraben, werden sie denken, dass alle Frauen irgendwie ein Problem mit ihren Lippen hatten.

Nein. Es war ein Selfie, aber ohne Schnute. Beruhigend.

Wenn ich ehrlich bin, das Foto war so weit vollkommen in Ordnung. Kein Gepose. Kein Getue. Einfach ein Bild von ihm auf dem Motorrad in den Bergen. Eigentlich alles in Ordnung.

Wenn er fünfzehn wäre. Oder fünfundzwanzig.

Aber der neue Mann an meiner Seite ist so alt wie ich.

Ich war geschockt.

Das Erste, was mir durch den Kopf schoss, war: Das gibt's doch gar nicht. Er ist jünger als ich. Mehr up to date. Ganz vorne weg. Obwohl er keinen Teenager zu Hause sitzen hat. Er hat eindeutig die Nase vorn. Ich habe noch nie ein Selfie verschickt.

Und dann machte es noch mal: pling!

Es war eine neue Nachricht:

»Schick doch mal ein Bild von dir.«

Plong!

Mein erster Gedanke war: Nur über meine Leiche.

Echt jetzt?

Ich habe noch nie ein Selfie verschickt. Ich war ja gerade mit dem Hund unterwegs. Frühmorgens. Der Hund muss schnell raus, er ist schon älter und hält nicht mehr so lange dicht wie früher. Und ich habe zwischen Kind, Frühstück machen und mit dem Hund rausgehen keine Zeit, mich zu schminken, und – das gebe ich nur ungerne zu – ich schaffe es manchmal noch nicht mal, mir die Haare zu bürsten, bevor ich mit Hund das Haus verlasse. Wofür gibt es schließlich Mützen und Sonnenbrillen auf dieser Welt? Und dem Hund ist es sowieso egal, wie ich beim Spazierengehen aussehe. Nehm ich mal an.

Pling!

Und jetzt das.

Er will ein Foto von mir! Ein Selfie! In diesem Aufzug! Im Schlabberlook beim Spazierengehen mit Hund! Am frühen Morgen! Oh mein Gott!

Wir sind doch erst am Anfang von irgendwas. Der neue Mann an meiner Seite und ich sind ja nicht schon hundert Jahre zusammen, und er kennt mich ehrlich gesagt längst noch nicht in allen Lagen, die das Leben und die Liebe so zu bieten haben. Wenn man erst mal mit einem Mann zusammen eine Geburt durchgestanden hat, kann man wahrscheinlich auch in jeder Lebenslage Selfies an diesen Mann versenden. Er hat einen schließlich schon in einer etwas unvorteilhaften Situation gesehen. Aber doch nicht am Anfang. Das geht gar nicht.

Und dann ist mir klar geworden, er meint es nicht bös. Er ist ein Mann. Er sieht morgens so aus wie abends. Nachts so wie mittags. Ungeschminkt so wie ungeschminkt. Das macht das Leben im Allgemeinen und das Selfiemachen im Besonderen natürlich wesentlich einfacher. Das ist ein großer Unterschied zwischen Männern und Frauen, geradezu ein San-Andreas-Graben zwischen den Geschlechtern.

Ich persönlich meide, seit nicht mehr genug Platz für die Kerzen auf meinem Geburtstagskuchen ist, jedwede Form unnötiger Abbildungen.

Und da bin ich als Frau nicht alleine. Von meinen Freundinnen weiß ich, dass manche behaupten, sie könnten mit Skype nicht umgehen, sie würden diese moderne Technik nicht kapieren. Dabei wollen sie nur nicht skypen, da man sich ab fünfzig, wenn man nicht professionell geschminkt und ausgeleuchtet wird, auf Skype einfach furchtbar findet.

Also lieber für blöd gehalten werden, als scheiße aussehen. Typisch Frau. Deshalb werden wir auch so oft unterschätzt.

Die Eitelkeit bei Frauen ist ziemlich grenzenlos. Und ich bin ganz vorne mit dabei.

Da ich ab und zu mal im Fernsehen sitze, kann ich sagen, dass man trotz eines professionellen Make-ups und der optimalen Ausleuchtung als Frau immer noch dazu neigt, sich selbst mehr als unvorteilhaft zu sehen.

Männer sind da vollkommen anders gestrickt.

Völlig schmerzfrei. Die finden sich immer gut. Auf jedem Foto. Auf jedem Film. Bei jedem Licht. Alles egal.

Und viele Männer – auch welche, die ich kenne – posen wirklich gerne: Mein Haus. Mein Auto. Meine Yacht. Meine zweiundzwanzigjährige Geliebte. Und immer steht ein stolz lächelnder Mann mit im Bild. Egal ob sein Bierbauch dabei das halbe Format verdeckt.

Männer haben eben ein vollkommen anderes Bild von ihrem Selbstbild.

Da gehen Selfies natürlich in jeder Lebenslage.

Ich habe dem neuen Mann an meiner Seite schließlich ein Bild vom Hund geschickt. Der ist auch ein halber Mann und sieht immer gleich gut aus.

Und darunter habe ich geschrieben: »Mich gibt es nur live.«

Das fand er jetzt nicht so gut, aber er muss sich an meine Macken genauso gewöhnen wie ich mich an seine.

Wie sagte eine Tante von mir vor Kurzem so treffend: »Ein Mann guckt einmal in den Spiegel mit achtzehn, und wenn er achtzig ist, sieht er immer noch denselben Kerl darin.«

Ich glaube, das ist das ganze Geheimnis. Deshalb haben Männer kein Problem mit Selfies, Spiegeln oder Fotos jedweder Art.

Und das ist doch irgendwie bewundernswert, finden Sie nicht auch?

Pling!

Statistisch gefühlt

Gefühlt ist es ja für mich und die meisten Frauen, die ich kenne, so, dass es viel mehr gute Frauen als gute Männer gibt.

Also das heißt, dass ich jede Menge tolle, wunderbare, intelligente, humorvolle, attraktive Frauen kenne, aber leider eindeutig weniger wunderbare, intelligente, humorvolle, kompetente und gut aussehende Männer.

Diese Männer gibt es natürlich auch, wäre ja auch furchtbar, wenn nicht. Aber sie scheinen doch gefühlt recht rar zu sein. Und dann sind diese raren wunderbaren Exemplare der männlichen Spezies meistens auch schon vergeben.

Gefühlt gibt es also einen riesigen Berg toller Frauen, der auf ein kleines Häufchen toller Männer trifft.

Ist natürlich klar, dass Männer da die Auswahl haben. Verkäufermarkt heißt das, glaub ich, also Männermarkt. Zehn Frauen stürzen sich auf einen Mann. Der Arme! Oder der Glückliche?

Ich habe übrigens gehört, dass es auf den modernen Partnerportalen wirklich so ist. Die Männer können sich vor Angeboten kaum retten. Manche müssen sogar Listen erstellen, weil sie sonst vollkommen den Überblick verlieren, welche tolle Frau sie jetzt schon wieder angesmilt, angemailt oder angemacht hat.

Der Mann als Hahn im *Parship*-Korb.

Ach, Mann müsste man sein.

Oder als Frau in meinem Alter verheiratet. Das bin ich zwar auch nicht, aber wenigstens habe ich ja jetzt den neuen Mann an meiner Seite. Gott sei Dank.

Denn sowohl gefühlt als auch völlig real ist Singlemutter zu sein ab und an ziemlich blöd. Man hat – vor allem mit kleinen Kindern – eigentlich sowieso keine Zeit zum Daten, und wenn man denn mal Zeit hätte, ist man so erledigt, dass einem die Aussicht auf ein Date vorkommt, als müsste man abends nach acht noch auf den Mount Everest steigen, wo man doch tagsüber schon viermal die Erde umrundet hat. Zu Fuß und mit 40 Kilo Marschgepäck, versteht sich. Kleine Kinder und Einkauftaschen wiegen nun mal schwer.

Gefühlt ist das auf jeden Fall so.

Daten gestaltet sich eben nicht mehr so einfach, wenn man keine zwanzig mehr ist und die To-do-Listen länger sind als die Tage.

Und dann kommt beim Daten eben noch hinzu, dass es nur wenige gute Männer gibt. Gefühlt zumindest.

Man muss schon viele Frösche küssen und Kröten schlucken, bis man einen Prinzen trifft.

Rein statistisch gesehen ist es allerdings so, dass es ungefähr genauso viele Frauen wie Männer auf der Welt gibt. Zumindest sagen das die Zahlen und das Statistische Bundesamt.

Ganz genau genommen ist es sogar so, dass etwas mehr Jungs als Mädchen geboren werden. Wenn man den Zahlen Glauben schenken darf, gibt es bei den unter Zehnjährigen 48,3 Prozent Mädchen und 51,3 Prozent Jungs.

Da denkt man sich doch als Frau: super! Mehr Auswahl für unsereins – Mutter Natur denkt eben an alles. Aber leider, leider verändert sich diese Statistik im Laufe des Lebens erheblich. Sogar ganz erheblich.

Es gibt über die Jahre betrachtet nämlich einen eklatanten Männerschwund. Unter den Dreißig- bis Neununddreißigjährigen hat sich das Verhältnis schon verschoben zu 49,4 Prozent Frauen und 50,6 Prozent Männer. Völlig angeglichen hat es sich dann in meiner Altersgruppe. Da ist es fifty-fifty. Ist ja zahlenmäßig noch ganz okay. Wenn auch nicht gefühlt.

Aber danach!

Ein einziges Trauerspiel. In jeder Hinsicht. Die Aussichten für uns Frauen sind erschreckend.

Also für Singlefrauen.

Unter den Siebzig- bis Neunundsiebzigjährigen gibt es 54,9 Prozent Frauen und nur noch 45,1 Prozent Männer.

Das muss man sich mal vorstellen. Da gehen natürlich viele Frauen leer aus. Wie viele genau, kann ich leider nicht ausrechnen. Statistik war während meines Studiums nicht wirklich meine Stärke, ich bin aber in jedem Fall durch mehr als 50 Prozent der Klausuren gerattert. Gefühlt zumindest.

Ein Jahrzehnt später wird's dann richtig hart: 62,3 Prozent Frauen zu 37,7 Prozent Männer. Und was dann die Fünfundachtzigjährigen betrifft, das will man am liebsten verschweigen. Aber hier ist die bittere Wahrheit: 72,8 Prozent Frauen stürzen sich auf 27,2 Prozent Männer.

Im Altersheim herrscht wahrscheinlich ein Hauen und Stechen unter den Frauen. Welche von uns kriegt den einzigen Typen, der noch Haare und Humor hat?

Richtige Bitchfights brechen da bestimmt am Rollator auf – dagegen sind die Zickereien, die Sophie in der Schule mit den Mädels hat, wahrscheinlich Kindergartengetue.

Darüber, wie es nach fünfundachtzig aussieht, hab ich keine Daten mehr gefunden. Da ist es wahrscheinlich wieder fifty-fifty. Alle tot.

Also alles in allem sind die Aussichten für Frauen, im Alter noch einen Mann zu finden, äußerst trübe. Nicht nur gefühlt. Leider. Auch statistisch gesehen.

Dabei war meine Mutter, die ja nun durchaus betagtere Freundinnen hat, ein wenig verwundert, dass es bei mir etwas länger gedauert hat, bis ich den neuen Mann an meiner Seite hatte. Sie meinte, dass all ihre Freundinnen und Bekannten sofort wieder jemand Neues gefunden haben. Manchmal direkt vom Friedhof weg rekrutiert – natürlich nicht aus dem Sarg, sondern aus der Begräbnisfeier.

Das tröstet mich nun doch etwas über die trüben Zahlen hinweg. Wahrscheinlich interessieren sich die Freundinnen meiner Mutter einfach nicht für Statistik.

Aber trotzdem. Ich gehe vielleicht doch lieber auf Nummer sicher, wenn gute Männer mit steigendem Alter noch rarer werden, als sie sowieso schon sind. Ich mache dem neuen Mann an meiner Seite heute Abend einfach einen spontanen Heiratsantrag. Wer hat, der hat. Und die guten Männer sind sowieso immer besetzt.

Stresstest

Ich brauche eine neue Kommode.

Irgendwie fühlt sich meine Bettwäsche vernachlässigt, ich muss sie immer ins Regal hinten in die Ecke stopfen. Ich träume schon seit Jahren von einem wunderbaren Wäscheschrank, in den ich blind hineingreifen kann und immer die passende Bettwäsche hervorziehe. Mit passend meine ich: den passenden Bettbezug zum Kopfkissen und dann noch das perfekte Spannbetttuch dazu. Dann hätte ich endlich das perfekte Bett.

Wenigstens etwas, wenn mein Leben sonst schon nicht perfekt ist. Im Moment muss ich allerdings immer das ganze Regal durchwühlen, um dann am Ende erschöpft und mit letzter Kraft irgendwas über die Daunendecke zu ziehen. Danach sieht mein Bett aus, als wäre ich Quäkerin und hätte meine helle Freude an selbst gemachten Patchworkdecken. Habe ich aber nicht. Ich habe schon eine Patchworkfamilie und ein Patchworkleben – das ist anstrengend genug –, ich brauch nicht auch noch geflickte Decken.

Echt nicht.

Es reicht, wenn ich es einigermaßen schaffe, aus den Resten meines Lebens was halbwegs Nettes herzustellen.

Aber damit ist jetzt Schluss.

Wenigstens mein Bett wird in Zukunft perfekt werden. Und dazu brauche ich eine neue Kommode.

Als ich dieses Thema mit dem neuen Mann an meiner Seite bespreche, ernte ich vollkommenes Unverständnis. Er blickt mich an, als wären in meinem Gehirn ein paar Bettlaken locker.

Ich habe nichts anderes erwartet.

Männern ist weibliche Logik leider sehr fremd. Ich habe da so meine Erfahrungen.

Und kein Mann, den ich jemals getroffen habe, träumt von perfekter Bettwäsche. Wobei natürlich die meisten Männer, die ich kenne, sehr viele Träume rund ums Bett haben. Allerdings hat keiner davon im Entferntesten etwas mit Bettwäsche zu tun. Seltsam zwar, finde ich, aber Bettwäsche ist anscheinend eine absolut weibliche Domäne.

Nun, und ich bin eben eine Frau. Ich habe einen angeborenen Nestbautrieb. Dieser Nestbautrieb kommt immer besonders dann zum Vorschein, wenn ich vermehrt kuschele und dadurch das Bindungshormon Oxytocin ausgeschüttet wird. Dieses Hormon vernebelt mein Gehirn vollkommen und führt mich direkt in den nächsten – meist schwedischen – Möbelmarkt, wo ich dann völlig benebelt von den Betten über die Küche zu den Sofas wanke und alles mitnehme, was auf den Wagen passt.

Ich kann nichts dafür. Ich schwöre. Das ist das Oxytocin.

Gerade jetzt, wo ich den neuen Mann an meiner Seite habe, verspüre ich diesen unbezwingbaren Drang wieder ganz extrem.

Besonders umsatzstark für Möbelhäuser sind übrigens Frauen während der Schwangerschaft und Kleinkindphase – da wird man als Frau vom Oxytocin geradezu gezwungen, Einrichtungshäuser zu kapern.

Also erkläre ich dem neuen Mann an meiner Seite Folgendes:

Ich kuschle mit ihm. Deshalb hab ich zu viel Oxytocin im Blut. Deshalb will ich das Nest kuscheliger machen. Deshalb brauche ich perfekte Bettwäsche. Deshalb brauche ich eine neue Kommode. Deshalb muss ich zu Ikea. Deshalb will ich, dass der neue Mann an meiner Seite als Verursacher dieser ganzen Sache mit zu IKEA fährt.

Das erkläre ich ihm natürlich nicht so, denn das wäre weibliche Logik – und die versteht er nicht.

Der neue Mann an meiner Seite will nicht zu IKEA.

Ich weiß.

Kein Mann geht freiwillig zu IKEA. Für meinen Exmann war der Besuch bei IKEA gleichzusetzen mit ein paar Stunden in der Hölle. Er hat sich danach immer überlegt, ob er wieder in die Kirche eintreten sollte und so um die Vergebung seiner Sünden zu bitten, da er das nicht noch mal erleben wollte. Auch nicht nach seinem Tod.

Und auch wenn mein Ex und der Neue sonst nicht viel gemeinsam haben, sind sie sich im Punkt »Wir fahren zu IKEA« doch sehr ähnlich.

Das liegt am Mannsein grundsätzlich, fürchte ich.

Fortgeschrittene Frauen wie ich kennen nun allerdings verschiedene Methoden, Männer in die IKEA-Falle zu locken.

Methode 1: Ich bin ein armes Weibchen.

Für diese Methode schminkt man sich am besten als Erstes Rehaugen, wenn man noch nicht von der Natur aus mit solchen ausgestattet ist. Welpenblick oder Ähnliches geht allerdings auch.

211

Dann versichert man dem Mann, in möglichst blumigen Worten, wie männlich er doch ist, wie stark und kräftig und dass man genau so einen starken Mann braucht, der einem hilft, die Kommode ins Auto zu heben. Und dass man hinterher einen handwerklich begabten Mann wie ihn braucht, der die Kommode dann auch zusammenbaut.

Das alles ist natürlich vollkommener Quatsch.

Kompletter Bullshit.

Ich kann Reifen wechseln, Elefanten jagen (wenn ich das denn wollte) und jedes Teil von IKEA in weniger als zwei Stunden aufbauen (komplette Küche ausgenommen – aber daran verzweifelt sogar mein Vater, und der ist Handwerksmeister). Und das können die meisten anderen Frauen, die ich so kenne, locker auch.

Methode 2: Ich bin ein heißes Weibchen.

Für diese Methode schminkt man sich am besten wie eine Dame des horizontalen Gewerbes und zieht sich dementsprechend an. Völlig nackt geht bei Anwendung von Methode 2 durchaus auch.

Dann erklärt man dem Mann, was man mit ihm alles anstellen würde im Bett, wenn das Bett endlich mit der entsprechenden Bettwäsche bezogen wäre, die man aber nur finden könnte, wenn man die entsprechende Kommode hätte. Der Mann versteht dabei natürlich nur »Bett«. Wie er dahin kommt, spielt keine Rolle. Dafür nimmt er auch einen Umweg über IKEA in Kauf. Also meiner Erfahrung nach funktioniert Methode 2 besser als Methode 1.

Wenn ich ehrlich bin, will ich auch gar nicht mit ihm zu IKEA, damit er mir hilft, die Kommode ins Auto zu hieven.

Das kann ich ja, wie schon gesagt, ganz wunderbar selbst.

Ich will mit ihm zu IKEA, um rauszukriegen, wie sich das mit ihm so anfühlt und wie alltagstauglich der neue Mann an meiner Seite ist.

Mit einem neuen Mann zu IKEA zu fahren ist der ultimative Stresstest für eine neue Beziehung. Dagegen ist der Stresstest für die ganzen Banken ein Witz.

IKEA ist eine hervorragende Teststrecke. Übersteht man als Paar die drei Stunden am Samstagnachmittag, ohne sich neben dem Vitrinenschrank Larsfrid an die Gurgel zu gehen oder sich spätestens in der Küchenabteilung mit dem Messerset Snitta gegenseitig umzubringen, ist die Beziehung bereit, in die nächste Phase einzutreten.

Einen Mann, der einen Shoppingtrip bei IKEA souverän übersteht, kann man getrost heiraten. Den kann so leicht nichts mehr erschüttern.

Aber dieser Test sollte an einem Samstag stattfinden. Und nur an einem Samstag. Normale Wochentage zählen nicht. Da ist ja nichts los bei IKEA. Das ist ja dann wie Wellnessurlaub in Schweden. Wenn schon Stress, dann richtig. Es muss ein Samstag sein!

Ich laufe also mit dem neuen Mann an meiner Seite durch alle Abteilungen, und dann haben wir noch die Markthalle mit dem ganzen Kleinzeug und Krimskrams vor uns. Ich finde, der Mann macht sich richtig gut. Sein Puls ist normal, seine Pupillen sind nicht verengt, er hat kein nervöses Zucken, und er hat auch noch nicht die Beziehung zu mir beendet.

Nach ungefähr zweieinhalb Stunden sind wir endlich durch die Kassen. Ich brauch jetzt schnell noch ein Softeis, um meine Zuckerspeicher wieder aufzufüllen.

213

Der neue Mann an meiner Seite bewacht derweil den vollen Einkaufswagen. Schließlich hab ich ja schon alles bezahlt. Als ich zurückkomme, sehe ich, wie er auf den Wagen blickt, in dem sich bunte Servietten, ein Besteckset, ein paar Gläser, diverse Topfpflanzen mit passenden Übertöpfen, Bilderrahmen, neue Bettwäsche, eine Lampe für Sophies Zimmer und ein paar Teelichthalter befinden.

Ich reiche ihm einen Hotdog rüber, den er dankbar entgegennimmt. Zucker für Männer.

»Wo ist die Kommode? Müssen wir nicht noch zum Abholschalter?«

Der Mann hat anscheinend Erfahrung mit IKEA, er war schon mal verheiratet.

»Nee, lass mal. Ich bin mir gar nicht mehr so sicher, ob die Kommode doch nicht zu wuchtig im Schlafzimmer ist. Ich muss noch mal überlegen und genau ausmessen. Wir können ja nächste Woche noch mal wiederkommen.«

In diesem Moment sehe ich, wie seine Augen leicht feucht werden.

Es wird Zeit nach Hause zu gehen.

Am besten direkt ins Bett.

In der Woche drauf war ich dann übrigens alleine bei IKEA, hab die Kommode gekauft und alleine ins Auto gehievt. Der neue Mann an meiner Seite und ich haben sie dann zu Hause ruck, zuck zusammen aufgebaut.

Er ist vollkommen alltagstauglich. Stresstest mit Bravour bestanden.

Nächsten Sonntag gehe ich übrigens mit ihm ein Fußballspiel in seiner Lieblingskneipe gucken.

So viel zum Thema Stresstest.

The Glow

Manche Männer sind echte Magier.

Einige von ihnen können richtig zaubern. Ganz ohne Kaninchen und Hut. Männer zaubern uns Frauen den besten »Glow« – das schönste Strahlen der Welt – ins Gesicht. Einfach, weil sie da sind. Mit uns.

»The Glow« ist das, was wir Frauen alle gerne hätten, aber oft nur mit stundenlangen Sitzungen bei der Kosmetikerin oder Visagistin erreichbar ist – wenn überhaupt.

»The Glow« ist, wenn eine Frau einfach umwerfend aussieht, wie von der Sonne und dem Glück gleichzeitig geküsst. Und nicht nur von den beiden. Man kann noch so viel Make-up, Concealer, Rouge und dergleichen verwenden. Meiner Meinung nach erhält man den echten Glow nur durch einen Mann.

Und damit meine ich nicht den Visagisten. Die sind ja eh meistens vom anderen Ufer.

Es ist dieses Strahlen, das mit einem leicht versonnenen Lächeln einhergeht, während man sich an die letzten gemeinsam verbrachten Stunden erinnert.

Das ist überhaupt nicht bewusst und passiert einfach so, ob man will oder nicht.

Genau das ist ja das Besondere an diesem Zauber. Der Sternen-staub von Verliebtsein, der wie kleine Feen mit schillernden Libel-lenflügeln um einen herumfliegt.

Dieses Lächeln und der Glow sind jedenfalls ziemlich eindeutig und sagen übersetzt: Es war schön und es war gut und es war nicht unbedingt jugendfrei.

Nichts kann einer Frau mehr Strahlen verleihen als ein guter Mann. Und das, was man mit einem guten Mann so macht als Frau.

Nun ist dieser Glow an und für sich etwas ganz Wunderbares, al-lerdings nicht unbedingt, wenn man eine jüngere Tochter hat, die sich wundert, warum Mama am Frühstückstisch nicht so mor-genmuffelig ist wie sonst, sondern ziemlich dämlich vor sich hin grinst und verdächtig gute Laune hat.

Das Gespräch verlief bis vor Kurzem an unserem Küchentisch über Toastbrot mit Marmelade hinweg ungefähr so:

»Mama, warum lächelst du denn so komisch?«

»Lächeln? Ich lächle doch nicht.«

»Doch, tust du, und ganz komisch. Ist irgendwas?«

»Nein. Es ist nichts. Wie kommst du denn darauf?«

»Mama, du guckst wirklich ganz anders.«

»Nein. Tu ich nicht.«

»Tust du doch. An was denkst du?«

»Ich denk an gar nichts.«

»Mama, das stimmt nicht.«

»Gut. Ich denke einfach daran, dass ich heute Nacht was Schö-nes geträumt habe, irgendwas mit Einhörnern und so, und das freut mich, und deshalb muss ich wahrscheinlich gerade lächeln.«

Ich erntete daraufhin einen mehr als skeptischen Blick von meiner Tochter. Kinder lassen sich nicht gerne veräppeln. Sie merken immer, wenn irgendwas nicht stimmt und Erwachsene versuchen, sich irgendwie rauszureden.

Während des restlichen Frühstücks versuche ich mir das Lächeln zu verkneifen, was dazu führt, dass ich am Ende aussehe wie der Joker aus Batman. Echt gruselig. Sehr schwierig. Und die Marmelade hängt auch noch in meinen Mundwinkeln.

Nun, so war das, als Sophie noch kleiner und fast noch ein Kind war. Aber jetzt ist sie fünfzehn und eindeutig weiter.

Und war sie damals bereits misstrauisch, wenn ich den Glow hatte, so weiß sie heute ganz genau, was es bedeutet, wenn ich am Frühstückstisch sitze und völlig versonnen ziemlich dämlich vor mich hin lächle.

Das geht an unserem Küchentisch über zwei Schalen mit Bircher-Müsli hinweg jetzt ungefähr so:

»Mama!«

»Ja???«

»Du hast schon wieder dieses Lächeln!«

»Ich??? Nein. Ich lächle doch nicht.«

»Mama! Hör sofort auf damit! Bitte!!!«

»Ich mach doch gar nichts!«

»Doch. Du lächelst.«

»Tu ich nicht.«

»Tust du doch!«

»Nein.«

»Du bist total peinlich.«

»Was mach ich denn???«

217

Sophie wirft mir einen Blick zu, der töten könnte.

Den Rest des Frühstücks beiße ich mir auf die Unterlippe und versuche, an das ganze Elend der Welt zu denken, damit das Lächeln endlich verschwindet. Ziemlich erfolglos.

Nun, diese Zeiten sind jetzt auch vorbei, und seit Neuestem geht das jetzt bei einem gemeinsamen Frühstück über Pancakes mit Ahornsirup hinweg ungefähr so:

»Sophie!«

»Ja???«

»Du lächelst!«

»Nein. Tu ich nicht.«

»Doch. Ich seh das ganz genau. Und überhaupt. Du strahlst richtig. Was war gestern los?«

»Nichts.«

»Das sieht aber nach jeder Menge nichts aus.«

»Mama, da war nichts. Überhaupt nichts. Und schon gar nicht das, was du denkst.«

»Aber dafür grinst du die ganze Zeit vor dich hin.«

»Tu ich nicht.«

»Tust du doch!«

»Nein!«

»Wie heißt er?«

»Mama! Bitte!«

Ein strenger Blick von meiner Seite.

Sie hat den Glow. Eindeutig. Sie grinst wie ein Honigkuchenpferd auf Zuckerwatte.

Den Rest des Frühstücks versucht Sophie mit aller Kraft, sich das Lächeln zu verkneifen. Leuchten tut sie immer noch. Wunderschön. Der Junge kann echt zaubern.

So kommt es, dass wir beide, Mutter und Tochter, jetzt ab und an beim Frühstücken sitzen und gleichzeitig versuchen, das Lächeln zu unterdrücken. Und jede von uns weiß, worum es geht. Sophie flüchtet sich manchmal in schlechte Witze, wenn sie sich das Lächeln überhaupt nicht mehr verkneifen kann. Damit kann sie wenigstens den Druck ein bisschen ablassen, und ich nutze die Gelegenheit, um hemmungslos zu lachen. Dient einfach dem Spannungsabbau.

Mittlerweile glaube ich allerdings, wir sollten über ein paar Fünf-Minuten-Eiern und frisch gepresstem Orangensaft einfach gemeinsam strahlen, lächeln, schweigen und unseren Gedanken nachhängen.

Ich habe ja schon etwas mehr Erfahrung mit Männern als meine Tochter und etwas längere Beziehungen hinter mich gebracht. Und eines weiß ich leider sicher:

Das Lächeln wird uns Frauen irgendwann wieder vergehen.

Beim ersten Streit. Beim tristen Alltag. Bei der ersten Verletzung.

Also leuchten wir, solange wir können. Und freuen uns, dass wir so herrlich leuchten können.

Aber eins ist auch sicher, das weiß ich auch aus Erfahrung: Wenn wir einen richtig guten Mann an unserer Seite haben, kommt der Glow immer wieder und lässt uns schöner strahlen als die Morgensonne beim Frühstück.

Denn gute Männer sind einfach Magier.

Die Weinbibel fürs 21. Jahrhundert!

Rot oder weiß? Cabernet oder Merlot? Welcher Wein zu welchem Essen? Guten Wein zu finden ist leichter, wenn man sich ein wenig auskennt. Ob Geschmacksprofile, die wichtigsten Weinregionen oder Tipps zum Erschmecken und Servieren: Sommelière Madeline Puckette und Justin Hammack haben einen einzigartigen Weinführer kreiert, der mit bunten Grafiken schnell und einfach alle Basics über Wein vermittelt und dabei auch noch Spaß macht.

978-3-453-60399-8

Leseprobe unter **www.heyne.de**

Die Welt in überwiegend lustigen Grafiken bei Heyne

Der Graphitti-Blog präsentiert witzige Grafiken, die das alltägliche Leben, vor allem aber gefühltes Wissen abbilden – Bücher zum pausenlosen Nicken und Lachen!

978-3-453-60401-8

Katja Berlin / Peter Grünlich
Was wir tun, wenn wir an der Kasse stehen
Die Welt in überwiegend lustigen Grafiken
978-3-453-60401-8

Katja Berlin / Peter Grünlich
Was wir tun, wenn der Chef reinkommt
Die Welt in überwiegend lustigen Grafiken
978-3-453-60319-6

Peter Grünlich / Wanda Friedhelm
Wo wir benutztes Geschirr hinstellen
Männer und Frauen in überwiegend lustigen Grafiken
978-3-453-60316-5

Katja Berlin / Peter Grünlich
Was wir tun, wenn es an der Haustür klingelt
Die Welt in überwiegend lustigen Grafiken
978-3-453-60269-4

Katja Berlin / Peter Grünlich
Was wir tun, wenn der Aufzug nicht kommt
Die Welt in überwiegend lustigen Grafiken
978-3-453-60220-5

Leseproben unter **www.heyne.de**

HEYNE ‹